KB123696

에리히 프롬의 『자유로부터의 도피』 읽기

세창명저산책_090

에리히 프롬의 『자유로부터의 도피』 읽기

초판 1쇄 발행 2022년 2월 18일
초판 2쇄 발행 2024년 1월 2일

—

지은이 임채광
펴낸이 이방원
기획위원 원당희
책임편집 정조연   **책임디자인** 손경화
마케팅 최성수 · 김 준   **경영지원** 이병은

—

펴낸곳 세창미디어

　　　　신고번호 제2013-000003호 **주소** 03736 서울시 서대문구 경기대로 58 경기빌딩 602호
　　　　전화 723-8660 **팩스** 720-4579 **이메일** edit@sechangpub.co.kr **홈페이지** http://www.sechangpub.co.kr
　　　　블로그 blog.naver.com/scpc1992 **페이스북** fb.me/Sechangofficial **인스타그램** @sechang_official

—

ISBN 978-89-5586-715-2   02180

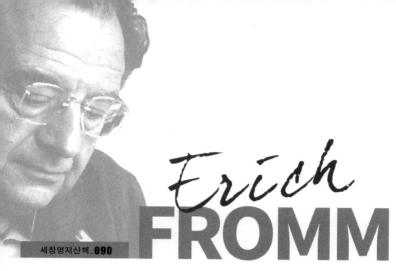

세창명저산책_090

Erich
FROMM

임채광 지음

에리히 프롬의 『자유로부터의 도피』
읽기

세창미디어
MEDIA

1784년 모제스 멘델스존Moses Mendelssohn이 임마누엘 칸트 Immanuel Kant에게 던졌던 질문에 응답하는 형식의 서신 「계몽이란 무엇인가에 대한 답변」에서 칸트는 계몽을 "미성년의 상태에서 벗어나는 것"이라고 전제하고, 다른 그 누구의 지도도 없이 지성을 사용할 수 있는 결단과 용기, 즉 "이성을 공적으로 사용할 수 있는 능력"이라고 설명하였다. 누구든지 나태함과 비겁해지기 쉬운 현재에 머물러 있지 말고 이성의 공적 지위를 활용할 것이며, 즉 자신을 믿고 자율성과 책임의식을 삶 속에서 실천하도록 요구하고 있다. "너 자신의 지성을 사용할 용기를 가져라!", "과감히 알려고 하라!Sapere aude!"

현대 사회에 살아가는 우리에게는 과연 칸트가 요구한 바 있는, '스스로 따지고, 알고 그리고 판단'하고자 하는 의지가 충분

한가? 자유롭고 독립된 한 인간으로서의 성숙도는 충분한 수준에 도달했을까? 프롬은 그렇지 않다고 말한다. 오히려 현대 사회의 이전과는 다른 새로운 형태의 공포와 두려움에 의해 개인은 더욱 위축되고 왜소해졌다고 보았다. 개인의 자유는 권리와 자격의 문제가 아닌 부담이자 두려움으로 돌변하였다. 개인의 무력감과 하찮음으로 인해 시대는 비합리적 억압과 독재가 횡행하는 전체주의와 파시즘의 온상이 되었다.

돈과 자본의 통치, 기술과 과학의 제도화된 통제는 개인의 행복과 욕구를 어르고 누르고 때로는 기절시켜 버린다. 개인에게는 현실의 두려움과 압박에 백기를 들 수밖에 없는 자신의 실존이 각자의 일상이 되고 명분을 제공한다. 프롬이 특별히 주목하고 있는 점은 현실이라는 이름의 폭력이 나를 단지 피해자일 뿐이 아닌 가해자로 돌변하게 한다는 것이다. 『자유로부터의 도피』는 우리 사회의 폭력적 현실에 대한 보고서이다. 더 나아가, 낯설고 적대적인 전체주의자에 의한 공포와 폭력뿐만이 아니라, 우리 스스로도 그 공포와 폭력의 가해자일 수 있다는 사실을 지적하고 해명하고자 한다. 프롬은 자유와 책임이 소거된 병든 개인의 자아는 단지 피해자로 머물지 않고 타자에 대한 가학적 행위의 주동자로 돌변할 수 있다고 보았다. 특히 그는 1, 2차 세계 대전 즈음 독일의 한 유대인 가정에서 성장하였으며, 결국 미국으로 망명한 후, 히틀러와 그에 순응하던 독일 및 일부 유럽인들의 광기를 목도하였다. 독일의 나치스에 대한 각별한 경험과 당시 권위주의적 정치 현실 그리고 사회는 이 책의 집필을 위한 문제의식과 자료를 제공하기에 충분했을 것이다.

이 책에서 '자유'는 사회적 병리 현상의 배후를 추적하는 실마리 역할을 한다. 프롬이 이해한 '자유'란 본래 폭력으로부터의 자유, 폭력적 현실로부터의 자유를 의미한다. 폭력은 개인의 실존을 억압하고 존재 자체를 통제하며 파괴한다. 그는 인류가 해결해야 하는 가장 무거운 과제 중 하나는 폭력과의 싸움이라고 보았다. 그리고 그 싸움은 어디든 아직도 진행 중이다. 이와 같은 관점에서 볼 때 『자유로부터의 도피』는 한 사상가의 독특한 사회적 시선의 분석 내용을 정리한 책이라고 보기보다는 인류의 긴 역사를 관통하는 인간과 삶, 그의 행복을 위한 욕망과 자유의 문제를 인간학적 문제의식 위에 사회철학과 정신분석학적 방법론을 활용한 탐구 결과물로 분류해야 할 것이다.

내가 대학 생활을 시작하던 1980년대 중반, 한편으로는 군사 정권이 정치적 압박을 유지하고 있었고 젊은이들은 거리로 나와 저항했다. 다른 한편으로 그들은 자본주의적 부를 탐닉하는 사회적 환경에 편승하여 안락하고 안정적인 일상을 꿈꾸던 소시민들의 욕망을 충족시키기 위해 최선을 다했다. 이와 같은 모순된 욕구의 배후에는 그들 각자의 실존적 두려움과 근심이 자리하고 있다고 생각했었다.

그 시절 처음 읽었던 이 책은 모순된 개인의 욕망과 한국 사회를 설명하는 유효적절한 수단이자 교본과 같이 느껴지기도 하였다. 당시 프롬은 사회과학이나 인문학에 관심이 있는 젊은이들에게 가장 인기 있는 사상가 중 한 명이었다. 『자유로부터의 도피』 외에도 『사랑의 기술』, 『소유냐 존재냐』 등 많은 책들이 소개되고 읽혀 왔다. 이것들 중에도 『자유로부터의 도피』는 프롬의 철학적 관점과 사상의 특징을 명확히 표현한 최초의 저서라는 점에서 의미하는 바가 크다. 더욱이 이 책은 다양한 형태의 개인적, 사회적 폭력이 우리의 일상을 지배하고 있는 오늘날, 우리 사회를 이해하고 이를 극복하기 위한 대안을 찾는

데 중요한 단서를 제공할 수 있다고 보기에 현대인의 필독서로 손색이 없을 것이다.

이 책의 집필에는 1941년 초판 출간된 *Escape from Freedom*의 1944년 영어판, 그리고 1952년 처음 *Die Angst vor der Freiheit*로 번역되었다가 현재에는 *Die Furcht vor der Freiheit*로 출판되고 있는 1990년 독일어판을 주로 참고하였음을 밝혀 둔다.

| 차례 |

1장
프롬 그리고 『자유로부터의 도피』

에리히 프롬Erich Fromm은 1900년 3월 23일에 독일 프랑크푸르트Frankfurt am Main의 한 유대인 가정에서 태어났다. 어린 시절 랍비가 되고 싶어 했을 만큼 엄격한 유대주의적 교육 환경과 공동체의 규범 아래 성장하였다. 그의 가정환경이 특히 그랬다. 할아버지까지 대대로 랍비를 하였으며, 그의 선조 할아버지들은 유대인들 사이에서도 그냥 평범한 랍비가 아닌 존경과 추앙의 대상이 되어 왔다고 전해진다. 프롬의 친할아버지도 예외가 아니었다. 그는 바이에른 지역에서 상점을 운영했었는데, 수입이 많지 않았다. 언젠가는 한 달에 3회 정도 외근을 할 경우 많은 돈을 벌 수 있다는 제안이 들어왔다. 그렇지만 할아버지는

『탈무드』 연구와 경건 생활을 이유로 거절했다. 그만큼 일상과 생업 활동 중에도 안락함이나 물질적 풍요함보다 유대주의적 삶의 원칙과 신앙생활을 가장 중시하였다는 점을 보여 주는 일화이다.

아버지 나프탈리 프롬Naphtali Fromm은 과일주를 판매하는 사업가였다. 어머니 로자 크라우제Rosa Krause는 본래 러시아 출신이었으나, 고향을 떠나 핀란드로 망명하여 그곳에 정착한 유대인의 후손이었다. 그렇다 보니 어머니 역시 유대주의적 문화 속에서 성장한 여성이었다. 로자의 아버지는 궐련을 생산하는 일을 하였으며 그의 삼촌이었던 다얀 루트비히 크라우제Dajan Ludwig Krause는 포젠Posen 지역에서 꽤 유명한 『탈무드』 연구자였다. 엄격한 전통적인 유대주의 분위기에서 살아온 프롬의 부친 나프탈리 프롬은 본인이 돈 버는 것이 목적인 사업가 직업을 갖고 있던 것에 대하여 매우 부끄러워했다고 한다. 그리하여 자신의 아들 에리히 프롬은 본인과 달리 마치 자기의 부친이나 이전의 선대 할아버지들과 같이 모범적인 유대인으로 칭송받고, 교사이자 지식인이 될 것을 기대하였다.

명석한 머리의 소유자였던 프롬은 1918년 첫 대학 생활을 프랑크푸르트에서 시작한다. 부모의 의지에 따라서 우선 법학 공부를 시작하였으나 적응이 쉽지 않았다. 1년 후인 1919년에 프랑크푸르트에서 그리 멀지 않은 곳에 위치한 하이델베르크대학교로 옮겨 사회학과 철학 등을 전공한다. 부모님이 계시는 프랑크푸르트를 떠나 타지로 가는 것을 원하지 않으셨던 부모님이 그나마 그곳에서 멀지 않은 곳에 위치한 하이델베르크로 이사하는 것에는 동의해 주었다. 애시당초에는 하이델베르크대학교에서 법학을 할 생각이었지만 그의 마음에는 이미 다른 관심들이 가득 차 있었다. 경제학과 사회학, 심리학 그리고 동양의 신비주의에도 관심이 있어 태극권과 명상법을 배우기도 하였다.

프롬은 1922년에 하이델베르크대학교에서 『유대인의 법*Das jüdische Gesetz*』으로 박사 학위를 받는다. 법사회학자인 알프레트 베버Alfred Weber의 지도 아래 집필한 법학 박사 학위 논문이었다. 지도교수 베버는 유명한 사회학자인 막스 베버Max Weber의 친동생이다. 4년 뒤인 1926년에 프롬은 임상 경험이 풍부했던 정신분석가인 프리다 라이히만Frida Reichmann과 결혼하는데, 그 후 그의 학문적 관심과 연구 방법론, 더 나아가서 한 인간으로서의 세계관과 삶에 큰 변화를 겪게 된다. 그 시기에 프롬은 베를린에 위치한 정신분석연구소Berliner Psychoanalytischen Institut에서 프로이트의 제자이자 법학자였던 한스 작스Hanns Sachs의 지도를 받는다. 그리고 1929년을 기점으로 프롬은 정통 유대적 삶의 가치와 학문적 방법론을 포기하고 사회철학과 정신분석학을 대폭 받아들이게 된다. 이러한 변화는 그 후 학문적 활동과 성과들 안에 충실히 반영되어 나타난다.

프롬에게 사상적으로 토양이 된 것들은 다양하겠지만 대표적인 요소들을 정리해 보자면, 가장 우선적으로 성장기 정신적 뿌리였던 유대주의를 꼽을 수 있다. 특히 아버지는 매 순간 최우선적 가치를 종교적 부분에 부여하였으며, 지나칠 정도의 경건 생활을 강조하였다. 어머니 역시 본래 매우 순종적 성향이었고 가족의 안녕을 위해 남편의 뜻에 따라 주었다.

프롬은 이와 같은 분위기가 자신을 심리적으로 매우 위축되게 하였다고 밝힌 바 있다. 그렇지만 그와 같은 심리적 억압과 절제를 야기하는 가정환경이 그에겐 오히려 긍정적인 측면을 가져다주었다고 언급하기도 하였다. 그는 1974년 이루어진 슐츠Hans J. Schulz와의 대담에서 "나의 삶은 … 거의 근대식 삶의 모습이라고 말할 수 없었습니다. 전근대적 인간으로 양육되었습니다"라고 밝히며, 그렇지만 어린 시절 이와 같이 보수적이고 마치 근대의 시민사회 이전의 사람들처럼 성장하다 보니 자본주의적 삶의 방식으로 길들여지지 않아 긍정적인 측면이 있었다는 것을 강조한다.

그의 성장 과정이 그렇다고 특이하거나 비정상적인 것은 아니었다. 유대인이었지만 프롬은 프랑크푸르트에서 평범한 일반적인 학교를 다녔다. 우리나라의 인문계 중고등학교에 해당하는 김나지움Gymnasium에서도 라틴어와 영어, 프랑스어를 배우는 등 일반적인 교육 과정을 밟게 된다. 그러나 그는 그 당시부터 일반적 시민 계층의 관점으로 사회를 보기보다는 당시의 소외된 사람들 또는 소시민들의 시야를 통해 세계를 바라보려 노력하였으며, 이와 같은 부분에 대한 남다른 감수성을 보유했던 것 같다.

프롬이 유년기와 청소년기에 특히 즐겨 읽었던 책은 『성경』이었다. 그중에도 구약성서에 심취하여 반복적으로 읽었다고 한다. 그렇지만 구약성서 안에서도 전쟁 관련된 부분들은 싫어하였다. 특히 히브리인들이 가나안을 정복하는 과정에 나타나는 학살 장면이나 에서와 야곱과 연관된 내용 중에 불합리한 모습들 그리고 본문에 나오는 공격성과 폭력적 사건들은 매우 싫어했다고 한다. 에서와 야곱 형제 이야기는 잘 알려진 내용이다. 에서는 성실했고 열심히 살아가는 사람이었다. 반면에 야곱은 사기꾼 같은 기질이 있었는데 성경에서 하나님은 야곱에게 장자권을 물려준다. 건전하고 상식적인 사회라면 야곱보다 에서가 장자권의 수혜자가 돼야 했을 것이다.

이에 반해 구약성서 안에서 그를 매료시킨 내용은 이스라엘의 역사 관련 내용들인데, 아담과 이브가 불순종한 사건과 아브라함이 소돔과 고모라에서 거주하기로 결정한 이야기, 니느웨에서 요나가 겪은 숙명적 사건 등이었다. 프롬은 "이런 모든 과정에서 역사를 이끌어 가는 신의 의지가 드러나며 특히 이러한 신의 섭리는 이사야, 아모스 그리고 호세아에 잘 나타난다"라고 생각하였다. 프롬은 구약성서에 대하여, 필자가 이 모든 사건과 서술된 내용들을 통해 우리에게 겁을 주려고 하거나 신의 위엄을 드러내려는 것이 아니라 인간과 자연, 개인과 민족 간의 평화로운 삶을 영위하도록 하려는 의도를 갖고 그 구체적 비전을 보여 주려는 것으로 이해하였다.

프랑크푸르트에 살았던 청소년기에 가족 외에 큰 영향을 준 사람들은 주로 종교 교사들이었다. 그는 유대주의적 분위기 안에서 성장하면서 삶과 종교의 조화와, 교리와 괴리되지 않는 덕목을 배우고 실천하는 생활을 하였다. 사실 프롬은 어린 시절부터 『성경』뿐만이 아니라 특히 『탈무드』를 배우고 유대주의적 문화 속에서 그 가치와 규범을 생활화하면서 성장하였다. 이 두 경전은 그의 사유 체계와 세계관을 형성하는 데 결정적인 영향을 주게 된다. 이때 프롬에게 유대주의적 믿음과 세계관은 절대적 위치에 있었다. 유대주의적 세계관과 덕목을 습득하는 교본으로서 『탈무드』는 가장 중시되는 책이다.

프롬에게 영향을 준 종교 교사로서 『탈무드』를 가르쳐 주었던 랍비 호로비츠J. Horowitz가 있었다. 프롬은 어머니의 삼촌이었던 다얀 루트비히 크라우제에게도 『탈무드』 및 유대주의 전통과 규범을 습득하였다. 당시 랍비 크라우제의 나이는 70세가 넘은 시기였다. 또한 프롬이 다녔던 유대인 교회의 담당 랍비였던 네헤미아 노벨Nehemia Nobel로부터 유대의 신비주의를 배웠고 종교적 규범과 의례를 학습받게 되었다.

가르침을 주었던 종교 교사 중에 프롬에게 가장 큰 영향을 준 랍비는 라빈코프Salman Baruch Rabinkow였다. 프롬은 하이델베르크로 학교를 옮겨 대학 생활을 하는 과정에 그를 알게 되어 약 5년간 매일 그를 찾아가 『탈무드』 공부를 했다고 전해진다. 프롬은 스스로 그에 대해 종종 아주 비범한 인물로 설명하곤 했다. 실제로 라빈코프가 그의 사유와 삶에 끼친 영향은 작지 않았다. 라빈코프는 18세기 이후로 러시아 주변을 중심으로 발생하여 전 세계로 퍼져 나간 정통 유대주의자이자 동시에 실천적 가치를 중시하였던 차바드적 유대인Chabadnik이기도 하였다.

그는 본래 러시아 출신으로서 사회주의적 세계관을 보유하고 있는 사람이기도 하였다. 그의 제자 중에는 1905년과 1917년 사이 러시아의 혁명기에 열혈 운동가였던 이사크 나흐만 스테인베르크Исаак Нахман Штейнберг도 있었다. 그와 같은 상황에서 라빈코프는 정치적으로 주목받는 위치에 서게 되었고 실제로 그의 영향력이 드러나자 러시아 정부로부터 시베리아로 떠나거나 망명할 것을 요구받게 되었다. 그의 선택지는 스위스였는데, 학문이 깊고 유대인이었던 그에게 라빈코프의 부친은 『탈무드』 교사가 될 것을 권유하였고 이러한 계기로 독일 하이델베르크에 정착하게 된 것이었다.

라빈코프는 프롬에게 인간적인 측면에 영향을 주는 데 그치지 않았다. 1919년부터 프롬은 날마다 라빈코프에게서 공부를 하였다고 한다. 이때 라빈코프는 특히 기록들을 통해 전승되어 오는 『탈무드』에 대하여 단지 암기하거나 습득하는 데 그치지 않고 자기 눈으로 보고 해석하는 훈련을 시키는 데 주력하였다. 더 나아가 『탈무드』를 특수한 종교적 관점에 한정하여 읽기보다는 보편적 규범과 가치를 함유하고 있는 보편 지식으로 이해하는 방법과 시야를 가르쳐 주었다.

이뿐만 아니라 라빈코프는 프롬에게 차바드닉 경전과 주요 사상을 전수해 주었다. 예를 들어 스페인 출신의 유대교 사상가였던 마이모니데스Maimonides(1135-1204)의 『탄야Tanja』라는 책을 비롯하여 슈노이어 살몬Schneuer Salmon이 18세기에 쓴 중세의 신비주의에 대한 책들을 보면서 깊이 심취하게 되었다. 라빈코프는 프롬에게 삶을 관조할 수 있도록 돕는 유대적 전통의 차바드닉풍 노래도 가르쳐 주었다고 한다. 이와 같이 종교적 또는 철학적 측면의 가르침 외에도 라빈코프는 프롬에게 역사 교사의 역할도 하였다. 그를 통하여 받은 지식은 차후에 그가 사회학적 관점의 박사 학위 논문을 집필하는 데 큰 도움이 되었다. "유대법"에 대한 논문이었는데, 프롬 스스로 그 논문의 후미에 그의 스승 라빈코프로부터 전수받은 유대 문화와 역사에 대한 폭넓은 시야 그리고 지식들이 큰 도움이 되었다고 밝히고 있다.

라빈코프나 그 외 유대주의 문화와 규례 그리고 사상적 의미들을 연구하고 가르쳤던 스승들이 프롬의 성장기에 중요한 역할을 하기는 했지만, 그의 세계관 형성에 정말로 큰 영향을 준 사건 중 하나는 전쟁이었다. 특히 프롬 자신도 제1차 세계 대전에 대하여 성장기에 결정적 충격을 안겨 준 사건이었다고 기술하고 있다. 프롬은 "어찌 전쟁이 정치적으로 가능한 것인가? 그리고 전쟁을 가능하게 하는 심리 구조는 도대체 어떻게 성립된단 말인가? 무엇이 인간을 그렇게 만들까? 이 질문은 당시 나를 도저히 참을 수 없게 만들었다. … 그 목적이란 것이 전적으로 불합리할 수밖에 없는데 그것이 어찌 가능하단 말인가? 동시에 그 수백만의 사람이 다른 수백만의 사람을 죽이는 것을 용납할 수 없을 터인데 그들 스스로 행하는 현상을 어찌 설명할 수 있단 말인가"라고 묻는다.

그가 고등학교 졸업시험인 아비투어Abitur를 보았던 1918년

즈음, 전쟁은 마무리가 되어 간다. 그러나 그 폐해와 잔해를 경험하면서 그의 뇌리에 깊이 박힌 생각은 "평화"에 대한 갈망이었다고 말한다. "인간의 집단적 활동의 결과는 나의 소망을 찢어 놓아 버렸고 그 무엇보다도 평화가 중요함을 인지하면서 갈망하게 되었다. … 동시에 모든 이데올로기 그리고 정치적 선언 따위에 대해선 신뢰하지 않게 되었다." 전쟁과 파괴, 반인륜적인 폭력과 차별에 대하여 저항하지 않고 오히려 순응하고 협력하는 대중의 모습을 보면서, 평화와 자유로운 삶을 추구하는 극히 상식적인 시선으로 볼 때, 이는 일종의 병리 현상이고 사회구조적 문제의 결과물이라고 보았던 것이다. 이런 생각이 이후 『자유로부터의 도피』의 근본 물음이었고 집필의 출발점이 된 것으로 보인다.

『탈무드』와 유대주의 문화 외에 그의 성장 과정에 영향을 준 사상이나 인물을 언급한다면 프로이트Sigmund Freud와 마르크스 Karl Marx를 들 수 있다. 프롬의 사상은 두 사상가로부터 영향을 받고 성장하며 여물어졌지만, 동시에 이들을 딛고 더욱 발전되고 독특한 자신의 철학 체계를 만들어 낸 철학자로 분류되기도 한다. 프롬은 본인과 같이 유대인 가정에서 태어나 엄격한 유대주의적 훈련 속에 성장한 마르크스를 통해서 사회를 보는 눈을 갖게 되었고 현실을 넘어 이상적이고 낙관적 미래 사회에 대한 꿈을 발견하게 되었다. 프로이트가 당시에 인간을 분석하고 사회를 해명하는 데 선진적 이론이었던 '정신분석학적 방법론'을 그에게 제공한 것은 주지의 사실이다. 프로이트에 관심을 갖게 된 것은 그의 특이한 경험에서 유래한다.

프롬이 어릴 적에 주변에서 함께 알고 지냈던 이들 중에 가족하고 매우 가까이 지내던 25세의 젊은 여류 화가가 있었다고 한다. 그는 홀로된 아버지와 함께 살았는데, 아버지가 사망하자 따라서 자살하는 일이 발생하였다고 한다. 이에 프롬은 "내 청소년기에 발생했던 이 사건이 과연 어떻게 가능한지 답을 얻고 싶었고 이것이 프로이트 심리학에 관심을 갖게 된 첫 계기가 되었다"라고 밝힌 바 있다. 물론 프롬이 본격적으로 프로이트의 정신분석학을 배우고 연구하기 시작한 시점은 하이델베르크에서 대학을 다니면서부터였지만, 인간과 삶을 이해하는 학문적 방법론에 대한 호기심은 유년 시절 체험으로부터 유래한다고 볼 수 있다.

프롬이 대학 생활을 처음 프랑크푸르트에서 시작하였지만,

두 학기를 보낸 후에 하이델베르크로 전학한 것도 학문적 방법론들에 대한 관심 때문이었다. 당시의 긴장과 공포스러움이 팽배해 있던 유럽의 위기 상황에 그곳에서는 뭔가 새로운 진단법과 대안을 제시해 줄 수 있으리라고 믿었기 때문이었다. 그는 전공을 바꿔 심리학과 철학, 사회학을 새로 선택하였다. 그중에서도 사회학을 중점적으로 공부하였다.

처음에는 막스 베버에 관심을 두었으나 1920년에 그가 사망하자 그의 동생인 알프레트 베버에게서 사회학적 훈련을 받았으며 1922년에 쓴 박사 학위 논문도 그에게 지도를 받은 것이다. 당시 알프레트 베버의 관심과 인간적 호의가 프롬의 학문적 활동에 동기 부여를 하는 등 긍정적인 역할을 하였다.

그 외에도 대표적인 실존주의적 사상가이자 유대인이었던 카를 야스퍼스Karl Jaspers와 "문화과학Kulturwissenschaft"의 창안자인 리케르트Heinrich Rickert 등의 강의도 관심을 가지고 수강하였다. 그런데 이 시기에 그와 같이 직접 만나 수강을 하였던 교수들보다도 프롬에게 가장 큰 영향을 준 사상은 마르크스의 철학이었다. 대학에서 처음 접한 마르크스의 인간과 자연 그리고 사회에 대한 이론들은 그에게 오랫동안 익숙해져 있었던 유대주의 예언자들의 가르침에 버금가는 만큼 크고 강렬하게 다가왔다. 그 스스로도 마르크스 사상의 영향에 대하여 다음과 같이 밝히고 있다.

"나는 특히 마르크스의 철학과 사회주의에 대한 비전에 매료당했습니다. 그것은 세속적 측면에서 보자면 인간의 자기구현을 향한 이념적 표출이며 인간을 위한 것, 즉 인간화입니다. 이는 궁극적으로 소유나 죽음 또는 부패의 현실과 대립하는 가치이며, 오히려 그 목적은 깊이 들여다본다면 인간의 자기 구현이라고 볼 수 있습니다. … 사실 경제 원리에 따라 목적이 수단화되고 있는 것이 엄연한 현실이 아닙니까? 확실히 말할 수 있는 점은 마르크스의 이론의 핵심이 휴머니즘의 차원에서 인간의 해방을 강조하고 있다는 것입니다."(Fromm, 1974)

프롬은 마르크스가 주장하고 있는 인본주의적 사회주의의 원리가 유대주의의 예언자적 가치와 만나게 된다고 믿었다. 특히 사회주의자들이 지향하는 참된 공산주의는 유대주의의 메시아니즘과 그 비전에 있어서 근본적으로 큰 차이가 없다고 생각하였다. 학창 시절에 마르크스에 대하여 큰 관심을 갖고 있었음에도 불구하고 유대교와 일정한 관계를 지속할 수 있었던 것도 이와 같은 기본적 관점과 무관하지 않았다.

인간의 생활 세계에 대한 구조적 이해와 그 실존적 지위에 대한 해명을 추구하는 데 있어서 프롬에게 방법론적 도움이 되었던 사상가들 중에 제외할 수 없는 이들로서 정신분석학자 요한 야코프 바흐오펜Johann Jakob Bachofen과 지그문트 프로이트를 언급하지 않을 수 없다.

바흐오펜은 프롬의 말을 빌리자면 "모권 사회의 발견자"였다. 그는 사회의 구조를 모권에 의하여 설명하고 있다. 어머니는 아이를 사랑하는 데 있어서, 아이와의 관계에 있어서 무슨 이익을 염두에 두고 사랑하지 않는다. 그저 자신의 아이이기 때문에 사랑한다. 이에 반해 아버지는 아이를 사랑할 때 순종하는지 여부가 중요하다. 동시에 아이가 자기를 닮았기 때문에 사랑하는 기질을 갖고 있다고 보았다. 이는 기존의 부권 사회 이론과 다른 관점을 보여 주는 것이었으며 프로이트의 리비도 이론과도 차별화되어 있었다. 프롬 자신도 바흐오펜에게서 받은 영향을 밝히고 있는데, 이러한 과정을 통해 자신의 독특한 정신분석학적 방법론을 정립해 내었다.

프롬에게는 정신분석학이 당시 유럽의 정치적, 사회적 문제를 해명하는 가장 유효적절한 수단이라는 데 의심의 여지가 없었다. 74세이던 1974년 대담 장면에서 그는 정신분석학에 대한 관심이 그 자신의 성향과 무관하지 않았다고 밝힌 바 있다. "저는 문제를 접하고 추론하는 데 있어서 추상적 방식의 사유 능력이 좀 떨어집니다. 이에 반해 구체적 경험을 통해 그 관계성을 추론하는 방식에 익숙하고 관심을 불러일으키는 편이었습니다."

정신분석학은 과학적 방법론이 인문과학이나 사회과학 일반에 영향을 주었던 당시 유럽의 학문적 흐름에 기여하는 측면을 갖고 있었다. 다른 비판이론자들과 같이 프롬은 철학에 대하여 추상적 관념이나 형이상학적 이론 그 자체가 아닌 '구체적이고 분석적 경험 과정'이자 '실천적 행위'여야 한다고 생각하였다. 정신분석학이 바로 이를 실행하는 데 도움이 된다고 믿었다. 이런 맥락에서 프롬의 저술 활동과 학문적 작업에서 심리치료 Psychotherapeut 기능이 매우 중요한 역할을 점하고 있었다. 이 부분은 여타의 다른 비판이론자들과의 차이점이기도 하였다.

1926년 6월 16일, 프롬은 탁월한 임상병리학자이자 학문적으로는 동료였던 10살 연상의 프리다 라이히만과 첫 번째 결혼을 하게 된다. 그렇지만 정치와 사회적 격변기를 살아가야 했던 두 사람에게 일과 가정을 동시에 병행한다는 것은 쉽지 않았다. 결국 1940년에 이혼을 하게 되는데, 14여 년의 혼인 기간 동안에 두 사람이 함께 동거한 기간은 불과 4년 정도에 불과했다. 다만 그들은 법적 부부 관계와 무관히 늘 좋은 동료였으며 정신분석학적 치료에 관심을 두고 서로 돕는 자리에 있었다. 프리다 프롬-라이히만은 비판이론자는 아니었으나 프랑크푸르트학파의 구성원들이 미국으로 도피한 시기인 1934년 미국으로 건너가 정신분석학적 이론을 적용한 정신분열증 치료에 매진한다. 그리고 이 부분에 크게 성과를 내며 왕성한 활동을 하게 된다.

정신분석학에 심취되어 있던 프롬은 1929년부터 3년 동안 베를린의 한 연구소에 머물며 임상 훈련 및 강의를 하였다. 1920년 이래로 베를린은 독일에서 유일하게 정신분석학 연구를 위한 연구소가 설치되어 운영되고 있었다. 정신분석학적 방법론을 활용하여 사회 현상을 비판적으로 분석하는 작업 또한 그 시기부터 시작하게 되었다. 1929년 「정신분석과 사회학Psychoanalyse und Soziologie」이라는 글이 『정신분석학적 교육학Zeitschrift für Psychoanalytische Pädagogik』이라는 학술 잡지에 게재되었는데 이는 정신분석학 관련하여 그의 첫 연구 성과물이라 볼 수 있다. 이 글은 1929년 2월 16일 정신분석학연구소의 개소식 발표문이기 도 하였다.

1926년에 이미 하이델베르크에서 프롬-라이히만을 중심으 로 정신분석학 모임이 구성되어 있었는데, 그 활동은 베를린 으로 무대를 옮겨 대략 3년간 이어지다가, 1929년에 프롬은 프 랑크푸르트로 돌아오게 된다. 이 배후에는 "사회연구소Institut für Sozialforschung"의 소장이었던 호르크하이머가 있었다. 호르크 하이머는 정신분석학에 거의 문외한에 가까웠으나 프롬은 프 리다 프롬-라이히만, 레오 뢰벤탈Leo Löwenthal 등과 함께 프로 이트의 정신분석학 계열의 사회 분석학자로 꽤 유명해진 상 황이었다. 그리하여 프롬은 카를 란다우어Karl Landauer의 밑에 서 프랑크푸르트에서 일하는 조건의 1년 계약을 맺는다. 란 다우어는 하이델베르크에서 '남서독일 정신분석학회'를 만들 었고, 그 직후에는 '프랑크푸르트 정신분석학연구소Frankfurter

Psychoanalytisches Institut' 소장직을 맡고 있었는데 호르크하이머가 소장으로 있던 '사회연구소'와는 객원연구원 자격으로 협력하게 되었다. 이로써 사회연구소는 독일 내에서 공식적으로 프로이트의 정신분석학적 방법론을 다룬 최초의 공식적 연구 기관이 되었다.

프랑크푸르트에서의 정신분석학적 활동의 토대는 사실상 프리다 프롬-라이히만을 중심으로 구성된 하이델베르크의 연구 모임에서 시작된 것이다. 당시에 이들은 하이델베르크뿐만 아니라 프랑크푸르트, 만하임 등 인근 지역으로 다양한 강좌를 확대해 나갔다. 1930-1931년 겨울 학기의 경우 프리다 프롬-라이히만, 멩, 란다우어가 하이델베르크에서 강의할 때 프롬은 '프랑크푸르트 정신분석학연구소'에서 머무르며, "범죄자 그리고 징벌하는 사회"라는 제목의 강좌를 해야만 했다. 그는 이 학기부터 직장에 매인 몸이 되었기 때문이었다.

이 시점이 그의 첫 부인과의 관계가 소원해지기 시작한 계기가 되었다고 한다. 이러한 상황이 반복되면서 미국 망명 시절인 1940년에 파경을 맞는다. 비슷한 시기에 프롬은 사회연구소와의 관계에서도 단절을 경험한다. 프로이트의 이론을 사회

분석의 도구로 받아들였던 프랑크푸르트의 다른 연구자들과 달리 프롬은 1936년에 간행된 『권위와 가족에 대한 연구Studien über Autorität und Familie』를 공동 작업한 이래로 연구소와 멀어지기 시작하여 1939년에 들어 완전히 갈라서게 된다. 프로이트를 바라본 관점의 차이와 함께 인간과 자연에 대한 기본 시각의 차이가 주요 원인이었다.

프롬과 대학 시절 친구였던 레오 뢰벤탈은 호르크하이머와 오랜 기간 친분이 있던 사이였다. 호르크하이머가 사회연구소 소장이 되면서 뢰벤탈과의 사적 인연으로 연결되어 프롬이 사회연구소의 연구위원으로 위촉된다. 사회연구소의 구성원들은 대부분이 나치스가 극히 경계하고 탄압의 대상으로 삼았던 유대인이거나 그 자녀들이었다. 유대인 부모님의 아래에서 성장한 프롬 역시 프랑크푸르트학파Die Frankfurter Schule의 일원이 된 배경은 그의 유대인으로서의 실존적 처지와 무관하다고 볼 수 없다.

유대인이란 점 그리고 정치적 억압의 희생양이었다는 특수한 체험이 그의 철학의 출발점이자 사회적 쟁점들을 주제화하는 과정에 학문적 활동의 동기가 되었다고 볼 수 있다. 실제 그는 프랑크푸르트학파의 동료들과 함께 당시 독일의 문화적 환경과 정치, 사회구조 등을 비판하다가 히틀러의 위협을 감지하면서 도피의 길에 오르게 된다. 1933-1934년경 스위스와 영국을 경유하여 미국의 컬럼비아대학교로 나치스를 피해 이동한다. 나치의 통치 기간이 종결되고 대부분 독일로 돌아오지만, 프롬을 포함한 일부 지식인들은 미국에 남아, 후기 자본주의 사회에 대한 연구를 계속한다.

사회연구소에서 프롬에게 제시한 첫 번째 과제는 "인간의 정신적 장치나 기재들이 사회에 어느 정도 또는 어떤 방식으로 영향을 주고 규정되는지 연구하는 일이었다." 이 주제는 그가 평생 관심을 갖고 탐구하였던 문제이기도 했다. 이 당시 정신분석학이라고 불러도 무방한 프롬의 연구 방법론의 기본적 틀은 두 가지로 요약된다. 그 하나는 '유물론적 사회심리학'에 대한 관점을 견지하고 있었다는 점과 다른 하나는 '학제 간 연구'를 방법론적 출발점으로 삼았다는 것이다.

프롬이 정신분석학적 방법론을 포함한 학제 간 연구를 통하여 사회 분석을 시도하면서 다루었던 최초의 주제들은 노동자들이나 일반 생활인들의 생활 습관 분석, 정치적 태도 등 거대

담론이 아닌, 보다 구체적이고 현실적인 시민들의 이상에 대한 분석이었다. 이후 점차적으로 경제적 상황이나 현대인의 정치 의식, 사회적 관계성 분석 등에도 관심을 확장해 갔다. 이와 같은 현상은 비단 프롬뿐만이 아닌 프랑크푸르트학파의 구성원들 전체의 공통의 관심 사항이자 주요 관점이기도 하였다. 사실 19세기 중반 이후로부터 과학의 급속한 발달과 대중화로 인하여 유럽 대학의 학문적 분위기는 다양한 학문 영역들과의 공동연구와 학제 간 연구가 대세였다. 이 흐름은 인문학과 철학에도 큰 영향을 주게 되었는데 20세기 초 비판이론도 예외가 아니었다.

유대교와 프로이트의 정신분석학 그리고 마르크스의 사회철학과 같이 다양한 이론과 세계관은 그의 사상적 깊이를 더하는 데에 영향을 주었지만, 어떠한 관념 체계이든 프롬이 그것을 신봉하고 절대화하는 경우는 없었다. 오히려 끊임없이 새로운 세계관과 사상들에 다가가고는 하였다. 예를 들어 동양 사상과 다양한 외래 종교 사상 역시 그의 학문적 관심을 자극하였고 크고 작은 영향을 미친 사상들 중에 하나였다. 선불교에 관심을 갖고 일본의 스즈키 다이세쓰[鈴木大拙]와 이루어진 대담은

1960년 『정신분석과 선불교Psychoanalysis and Zen Buddhism』라는 이름으로 출간되었다.

프롬의 사회 분석이 당시 철학적 논의의 장을 염두에 두고 볼 때 매우 도전적이고 신선한 것이었음은 틀림없다. 특히 정신분석학을 활용하여 현대 사회를 그 구성원의 심리 분석을 통해 해명해 보고자 하였던 시도는 흥미롭고 유의미했다고 본다. 그렇지만 이후 사회 분석의 다양한 방법론들이 발달하면서 제기되었던 문제, 특히 프롬의 정신분석학적 윤리 이론의 문제들은 비판적 시선을 견지한 몇몇 논의의 단초를 제공하였다는 점을 동시에 밝혀 둔다.

제2차 세계 대전이 끝나고 프롬은 사회적 현상에 대한 분석과 해명보다는 인간의 존재론적 구조와 그의 인본주의의 요소와 특성들이 어디에서 유래하는지 파헤치는 일에 관심을 기울이게 된다. 특히 1932년부터 1937년 사이, 나치 정권 시기에 집필한 논문들을 보면 프롬은 현대인의 심리적 구조에 대한 분석과 사회적 퇴행 현상에 대한 해석에 프로이트와 라이히Wilhelm Reich의 성격 이론을 접목시키면서 정신분석학의 원리로 설명을 하고 있다. 그 당시 연구의 대표적인 성과물이 『자유로부터의 도피』였다.

『자유로부터의 도피』는 나치스를 피해 망명한 후 미국에서 출간된 첫 저서이기도 하다. 이는 1941년에 미국에서 *Escape from Freedom*이라는 제목으로 출판되자마자 유명해졌다. 초고를 완성한 시점은 본인의 가족을 포함하여 유대인 지인들의 구조를 위해 몰두하는 것이 일상이던 기간이었다. 1939년 3월에 초고를 완성하여 컬럼비아대학교의 동료이자 사회학자인 로버트 린드에게 건네주었다. 최초에 이들은 핵심 주제이자 제목으로서 '자유와 불안 문제' 또는 '자유에 대한 두려움', '자유로부터의 도피' 등을 두고 고민하였다. 그러나 이듬해인 1940년에 접어들면서 히틀러의 광기는 극에 달하였고 집단학살의 전조가 나타나자 홀트 라인하트 앤드 윈스턴 출판사에 연락을 취해 1940년 12월 1일까지 출간하고자 시도하였다. 그렇지만 연말연시와 맞물린 시점이었기에 다소 미루어져, 결국 1941년에 첫 출판이 성사되었다. 히틀러의 유대인 대학살이 시작되기 직전이었다.

이 책을 집필할 당시 프롬은 처음에는 '권위주의 국가 통치안의 개인'이란 제목을 설정해 놓고 책의 방향을 잡아 가던 과정에서 개인의 심리 구조와 후기 자본주의에 접어든 현대 문화의 문제가 연계되어 있다는 점에 주목하여 두 측면을 연계시켜 연구한 끝에 『자유로부터의 도피』라는 제목으로 집필을 마무리하게 된다. 이후로 수많은 책들을 출간하지만, 이는 그의 기본 관점과 철학적 시선이 용해되어 있는 가장 대표적인 저서로 인정받고 있다. 프롬은 이 출판물을 학술적 전문 서적으로 보이도록 하기보다는 주로 미국인을 대상으로 하되 관련 주제에 관심이 있는 범세계의 일반 독자들과 소통하는 계기로 삼고자 하였다. 긴 각주와 이전의 학술적 연구 성과 또는 전문가들과의 논쟁을 지양하고 있으며 문체는 에세이와 같이 평이하게 기술하였다.

전문 서적의 형태로 기술하지는 않았지만, 이 책에서 프롬은 인간에 대한 심층적 탐구를 시도한다. 특히 정신분석학적 시선을 포함한 사회–문화적 관점으로 인간의 심리 구조를 분석하고 해명한다. 인간을 막연히 자율과 자유를 추구하는 이성적 존재로 파악했던 근대 서구적 시점에 대하여 "정말 인간은 자유를 원하고 있는가" 그리고 "자유에 대한 희구는 인간의 본성인가", "왜 인간은 자유로부터 도피하려는 경향이 있는가", 오히려 "복종하려는 본능이 인간의 더 근본적 욕구에 가까운 것은 아닌가" 하고 묻는다. 이 책은 이 물음들에 대한 해명을 목표로 집필하였다.

프롬의 이 저술에서 '자유' 개념을 통해 사회를 개념화하려는 시도는 주목받기 충분했으며, 히틀러와 나치즘의 분석에 있어서 '권위주의' 개념을 적용한 독특한 관점을 제시했는데, 학계뿐만이 아니라 일단 시민의 눈높이에서도 흥미를 자아내기에 충분하였다. 당시 큰 사회적 반향을 일으킨 이 책이 2차 세계 대전 당시 독일의 적국이었던 미국에서 출간된 것, 그리고 내용의 적지 않은 부분이 히틀러와 같은 비정상적이고 반민주적 통치 세력에 대한 비판에 맞추어져 있다는 것에 오해를 살수 있다는 점을 인식한 듯, 프롬 자신은 이 저서에 대하여 오랫동안 독일의 노동자와 일반 시민들을 대상으로 한 사회심리학적 연구의 산물이었으며, 학문적 작업의 결과물임을 강조했다.

프롬은 『자유로부터의 도피』 출간 이후로도 히틀러에 대한 정신분석학적 분석과 비판을 곁들인 글들을 추가로 집필하게 되는데 *Should We Hate Hitler?*(1942)와 *On the Problems of German*

Characterology(1943), *What Shall We Do with Germany?*(1943) 등이 그것이다. 프롬의 의도와 무관히 그의 책이 히틀러를 포함한 독재 정권과 불의한 권력자들에 대한 비판적 분석의 주요 관점을 제공해 준 것은 부인할 수 없는 사실이었다.

2장
자유: 심리학적 문제인가

　서양의 긴 역사는 우여곡절이 있었지만, 궁극적으로 개인의 자유가 확장되는 방향으로 진행되어 왔다. 자유를 얻기 위해 싸우고 피 흘린 노력의 결과물이었다. 개인의 권한과 자유를 요구하는 대가로 무수히 많은 사람들이 죽임을 당하였고 핍박 속에 살아야만 했다. 권력자들은 정치적 힘뿐만이 아니라 경제력, 종교적 이념을 동원해 개인을 억압하고 폭력적으로 통제해 왔다. 권력은 폭력을 통해 유지되고 정당화되어 왔다. 다만 이 싸움은 전체주의 국가나 권력자에 대항하는 것뿐만 아니라 '우리 자신과 우리 스스로 만든 제도들'과의 싸움일 수도 있다.

　자유에 대한 부담과 회피는 개인의 자유를 억압하고 통제하는 방식과 같은 원리를 갖고 있다. 다만 전승된 권력의 위력으로부터 해방되고 인간의 자유를 획득하기 위한 몸부림의 역사가 인간의 삶이었고, 서구 사회가 민주주의를 성취해 온 과정이기도 하다. 그와 같은 노력의 성과는 날로 확대되어 왔고 세월의 흐름과 함께 자유의 크기도 성장하였다. 그런 의미에서 프롬은 인류의 역사를 '자유의 쟁취를 위한 투쟁사'로 규정한다.

사람은 자유를 갈망한다. 자유는 인간의 마음에서 일어나는 일종의 심리 현상이다. 자유를 갈망하는 마음에서 인간의 본성이 드러난다. 다만 개인은 타인과 관계하는 사회적 존재이며, 그가 속한 공동체나 역사의 노정 위에 놓여 있는 사회적 특성을 보유하기에, 개인의 자유는 역사적, 문화적 성격을 띤다. 인간이 역사적 존재이자 문화적 존재이기 때문이다. 즉 개인의 욕구는 그저 개인이 홀로 누리는 사적 욕망의 구현 의지를 뜻하는 것이 아니다. 가령 자유에 대한 사적 충동과 욕구 또한 그자체가 사회적 환경에서 형성되기에 외부 상황과 무관히 획득하게 되는 순수한 개인의 심리 현상이라고만 말할 수는 없다. 달리 말해서 인간의 '자유' 문제, 그 자체는 고립된 관점으로 분석할 수 있는 오직 사적인 심리 현상이 아니다. 오히려 이것은 사회 현상이며, 개인이 문화적 주제이기 때문에 자유의 문제는 역사적 주제가 되고 정치적 이슈가 되기도 한다.

인간의 삶이 역사적, 사회적 성격을 갖는다는 것은 다양한 의미를 갖는다. 그러한 맥락에서 자유의 사회적 속성을 규정지을 수 있기 때문이다. 사람은 타인과의 관계를 통해 자유를 체험하고 확인하게 된다. 그 과정에서 누구나 자유를 획득하려 노력하고 수고한다. 다만 나의 자유와 나와 함께하는 다른 사람의 자유의 총량이 비례할 수만은 없다는 점은 슬픈 운명과 같다. 때로는 자신의 자유만큼 타자의 자유가 속박될 수도 있기 때문에 누구든지 자신의 자유를 위해, 더 나아가 우리가 속한 공동체나 인류의 자유가 확대되도록 만들기 위해 노력한다. 국가나 민족들 사이에 더 많은 자유와 권한을 누리기 위한 싸움이 발생하고 소속집단이나 사회 조직 간의 다툼이 발생한다. 이와 같은 현상은 개인적 친분 관계나 심지어 가족 사이에도 예외가 아니다. 가족 내부에서도 자유를 위한 싸움은 치열하다. 자유를 획득하기 위한 투쟁의 역사가 인류의 역사이자 사회 현상이고 개인의 가정사가 될 수도 있는 이유이다.

"인간에게 부자유와 억압의 굴레였던 속박은 점차 끊어져 갔다. 그리고 인간은 자연의 지배에서 벗어남과 함께 오히려 자연을 지배할 수 있게 되었다. 이뿐만이 아니었다. 전통적 권위의 상징인 교회도, 절대주의 국가 체제도 인간을 억압할 수 없게 되었다. '외적 지배를 제거'함이 개인의 자유가 확대되는 것으로 보이는 현실은 극히 자연스러운 것이 되었다."

인류의 태동과 함께 인간에게 던져진 가장 오래된 숙제였던 '생존'의 문제, '자연과의 싸움'은 언제나 따라다니는 존재론적 과제이기도 하였다. 그와 같은 '외적 지배'의 원인은 인간의 원초적 결핍에서 유래한 것이지만, 인간에게는 자연과 자연적 환경이 요구하는 억압적 요소와 견주고 대립한다는 것이 그만큼 자유와 자율성의 제한으로 느껴질 수밖에 없었던 것이다. 자연으로부터 강제된 억압과 외적 지배는 제도적 규범과 문화적 금기로 전이된다. 그것들은 신화가 되며 전통이 된다.

신화적 가치와 풍속에 깃들어 있던 규례와 금기는 동일한 원리로 교회가 그 권한을 이양받았으며, 더 나아가 절대 국가의 군주들 또한 개인을 억압하는 외부 권력을 행사하였다. 이와 같이 자연적 억압이 전통의 모습으로 개인을 속박하는가 하면, 이는 교회로 그리고 절대 군주 또는 국가로, 억압 주체의 주소만 달라졌을 뿐, 개인의 속박을 내용으로 하고 있다는 것은 변함이 없었다. 그러나 분명한 사실은 자유의 증대는 거스를 수 없는 대세라는 점이며, 우리 모두는 인류의 역사가 이와 같은 방향으로 진전되어 왔다는 사실을 알고 있다. '경제적 민주주의, 정치적 민주주의, 종교적 자유 그리고 각 개인의 삶의 영역에서 볼 때 개인의 자유가 증대되어 가는 방향으로 사회가 변화되어 가는 현상'을 우린 목도하고 스스로 체험하게 된다.

"제1차 세계 대전이 많은 이들에게는 최후의 싸움이라고 생각되었으며, 그 결과로 자유를 향한 궁극적인 승리가 될 것이라는 데 이견을 달지 않았다. 실제로 모습을 드러낸 민주주의는 구시대의 군주정치를 대체하게 되었다. 그렇지만 그런 상황은 몇 해 이어지지 못했다. 오랜 세월 싸움의 결과로 믿었던 성과들을 송두리째 부정하는 새로운 체제들이 등장하였다. 인간의 사회적 또는 개인적 가치를 부인하는 삶의 본질은 소수를 제외한 모든 이들이 스스로 통제할 수 없는 낯선 권위에 복종하는 것이었다."

제1차 세계 대전은 권위주의적 가치와 부자유에 대항하여 투쟁해 온 마지막 싸움이라고 믿었다. 그러나 새로운 형태의 권위주의와 이에 복종하는 개인들의 모습이 일상화되는 것은 매우 놀랍고 이율배반적이다. 현대 사회에서 쉽게 볼 수 있는 권위주의적 경향과 그와 같은 정치적 주체가 승리를 거두는 현상을 설명하면서 종종 일부 광기에 사로잡힌 권력자에게 책임을 전가하였던 것이 사실이었다. 그러나 이러한 태도는 잘못된 것이고 오판이었다.

프롬은 다음과 같이 지적하고 있다. "독일에서 수백만의 사람들이 그들 선조들이 자유를 위하여 싸운 것과 같은 열성으로 자유를 포기하였으며, 자유를 찾는 대신 그로부터 도피하는 길을 발견하였다. 그 외에도 수백만의 무관심한 사람들은 자유를 지키는 것을 목숨을 걸고 싸우는 것만큼 가치 있는 것으로 믿지 않았음을 인정하지 않을 수 없게 되었다." 이와 같은 경향은 권력의 야만성을 보여 주는 신호이자 민주주의의 위기를 보여 주는 신호가 되었다. 우리 모두 알게 되었듯이 이러한 현상의 종착지는 파시즘이었던 것이다. 프롬은 파시즘을 발생하게 한 요인들로서 경제적, 사회적 요소들 외에도 인간학적 문제가 공존하고 있다고 전제하고 현대인의 성격 구조나 동적 요인들에 주목하고 있다.

자유란 무엇인가? 자유를 희구하는 것이 인간의 본성인가? 그 욕구의 정도는 개인별 또는 상황별로 차이가 있는 것일까? 자유 욕구의 개인별 차이는 어디에서 오는 것일까? 이는 사회적인 것인가 아니면 경제적 요인에서 오는 것일까? 만약 자유의 욕구가 누군가에게 소중한 가치가 되고 다른 이에겐 위협으로 느껴질 수 있다면 그 이유는 무엇일까?

자유에 대한 욕구와 함께 사람들에게서 나타나는 "권위와 권력에 대한 복종", 그것은 어디에서 오는 것인가? 대개는 지도자에게 복종하는 모습으로, 직장의 상사에게 순종적으로 대하는 삶의 태도에서, 어른들을 섬기는 모습에서 볼 수 있다. 이것들도 인간의 본성일까? 더 나아가서 "권력에 대한 만족할 줄 모르는 갈망은 과연 무엇인가? 생명의 에너지인가", 아니면 삶을 자발적으로 또는 친밀함으로 누릴 능력이 없는 인간의 나약함을 드러내는 현상일까?

영국의 정치철학자 홉스Thomas Hobbes는 인간의 본성에 대하여 '만인에 대한 만인의 투쟁 상태'로 규정하고, 인간은 "필연적으로 서로 싸울 수밖에 없는 존재이며, 현재 소유하고 있는 것에 대한 집착이 권력을 향한 집착"으로 연결된다고 보았다. 그러나 근대 이후 전통적 정치 세력이 시민계급의 거센 저항으로 붕괴되고 종교 지도자들의 권력과 봉건적 경제 체제가 합리적이고 민족적인 저항 세력에 의해 대체되어 가는 모습을 바라보면서 인간의 본성에 대하여 부정적으로 이해하였던 홉스식의 견해는 흔들리게 된다. 근현대로 접어들면서 일반적 대세는 인간과 그의 이성적 지위의 수행 능력에 대한 매우 낙관주의적 견해가 주를 이루었다. 이때 자유는 이성이 보유한 핵심적 요소의 하나로 간주된다.

시민계급이 과거의 정치적 또는 종교적 지배자들의 권력을 무너뜨리는 데에 성공하였고 자연은 인간의 노력에 의해 정복되었으며 시민 개개인들의 경제적 독립 가능성은 증대되어 왔다. 이와 같은 추세는 이 시대의 시대정신과 합리성의 논리와 맞물려 있었다. 그리고 그 배후에는 이성적 존재로서의 인간이 위치하고 있다. 과학과 기술의 발달과 함께 점점 더 안락해지고 풍요한 생활을 하게 되면서 개인의 자유는 증대되고 사회적 권한과 책임이 균등해지는 방향으로 발전하여 왔다. 파시즘은 이와 같은 시대적 상황에 찾아온 불청객이었다. 파시스트들의 준동은 유럽과 전 세계 지성인들에게 경악할 만한 일이었다. 합리성의 시대적 흐름과 민주주의라는 시대정신에 역행하는 살육과 반지성주의의 결정판이었기 때문이다. 1, 2차 세계대전은 이와 같은 시대의 결과물이었다.

프로이트는 근대 후반 유럽이 직면한 격동기의 인간상에 대한 해명을 성공적으로 수행한 대표적인 사상가 중 한 명이었다. 그는 인간의 존재 양태에 대한 전통적인 분석의 준거인 의식적 활동에 대한 분석 대신에 비합리적이고 무의식적인 심리 구조에 대하여 주목하였다. 심리 상태는 개인의 활동에 주요인이 되기에 궁극적으로 심리 구조의 분석은 개인의 활동 구조와 요인의 해명을 의미하기도 한다.

프로이트는 인간에 대하여 사회적 존재 이전에 생물학적 지위를 최우선적 특징으로 규정한다. 그렇다고 인간의 본성을 근본적으로 악으로 규정했던 서구 기독교적 전통이나 사회적 존재의 의미를 무시했던 것은 아니다. 다양한 인간적 요소들의 총체적 통합과 해명이 프로이트의 관심 주제 중 하나였음은 틀림없다. 단, 그 출발점은 생물학적이고 정신분석학적 요소로부터 착안하고 있다. 프롬은 이와 같은 시각으로 프로이트를 해석하며 이 지점에 자신의 인간관과의 차별성이 존재한다고 주장한다.

사회적, 규범적 요소를 애써 외면하고 인간의 충동 구조와 생물학적 요소로서 문화적, 인간학적 현상을 설명하고자 시도한 프로이트와 달리 프롬은 생물학적 측면과 개인의 문화적, 사회적 요소들이 별도의 영역이라고 보지 않았다. 프로이트의 경우 개인에 대하여 문화적 존재로 규정짓고 있으나, 그 배후에는 인간의 생물학적 기초가 전제되어 있다고 보았다. 생물학적 원리를 통해 개인의 문화적 활동, 문화적 존립과 정체성에 대한 본질을 규명하고자 한 것이다. 이에 반하여 프롬의 경우 "개인이 이 세계와 관계하는 특수한 관련성", 개인과 세계의 관계성에 주목한다. 한 생명체로서의 개체가 보유한 본능적 욕구나 좌절, 원초적 충동 구조가 문제가 아니며 개인은 사회와의 관계성에 의해 규정된다.

프로이트의 "개인"은 타인과의 관계를 통해 고찰되는 대상으로 이해되었다. 그렇지만 개인은 타자와의 관계 이전에 존재론적으로 선행한다. 개인의 특성은 생물학적 충동 그 자체로 규정된다. 타인은 개인이 어떠한 목적을 달성하는 데 있어 회피할 수 없이 직면하게 되는 일종의 과정에 불과하다. 프로이트의 이론에서 인간의 관계 영역은 일종의 시장과 유사하며 개인의 욕구와 충동을 구현해 가는 과정에 겪게 되는 수단일 뿐, 그 자체가 목적이라고 보진 않는다.

"인간의 가장 아름답다고 말할 수 있는 특징은 추한 부분도 물론 그러하겠지만, 고정된 생물학적 본성의 일부로 규정되는 존재가 아니라는 점이다. 인간은 오히려 생물학적 요소보다도 사회적 과정에 의해 만들어지는 존재이다. 다시 말해 사회는 개인에게 억압적 기능만을 갖고 있는 것이 아니라 창조적 기능도 수행한다. 인간의 성격과 의지, 공포 등은 일종의 문화적 산물이다. 사실 인간 자체야말로 끊임없이 진행되는 수고와 노력의 결과물이고, 완성체이다. 우린 이러한 수고로움의 기록들을 역사라고 부른다."

프롬과 프로이트의 인간관의 차이는 인간의 정체성, 개인의 정체성을 프로이트는 생물학적 개별자로부터 사회적 관계성을 파악하고자 한 반면에 프롬은 사회, 문화적 관계가 개인을 규정하고 형성, 발전시킨다고 본다는 점이다. 이는 인간의 역사성과 무관하지 않은데, 다른 생명체와 달리 인간만은 역사적 의미체이기도 하다. 인간이 역사의 영향을 받는다는 말인데, 인간만이 역사에 의해 만들어지는 것뿐만이 아닌, 인간도 역사를 직접 만들고 자신을 그 안에 구현해 가는 존재라는 의미이다. "인간 그 자체야말로 끊임없이 계속되는 인간의 노력 가운데 가장 중요한 창조물이며, 또한 완성체이다. 우리는 바로 그러한 노력의 기록을 역사라고 부르는 것이다."

  인간성은 역사성의 산물이다. 프롬은 이에 대한 탐구와 이해를 위한 노력이 심리학, 정신분석학의 과제라고 보았다. "사랑, 파괴성, 사디즘, 복종하는 성향, 권력 의지, 소외감, 자기 확장 욕구, 번성에 대한 열의, 쾌락과 향유, 공포심" 등, 종종 인간의 본성이자 생물학적 특성으로 전제되는 다양한 심리 현상들이 프롬에 의하면 사실상 사회, 문화적 연관성을 갖고 있으며 역사적인 산물이 된다.

인간의 본성으로 간주되는 욕구는 두 가지로 정리될 수 있다. 인간의 "생리적 욕구"가 그 하나이다. 굶주림, 갈증, 수면욕과 같은 생리 조직의 활동성과 연계되어 있는 요소들이다. 다른 하나는 "사회문화적 욕구", 이를테면 '존립을 위한 욕구'인 것이다. 프롬은 생리적으로 제약된 욕구만이 인간 본성의 절대 요소가 아니라고 본다. 본성의 영역으로 규정하는 이유는 그 강제성에 있다. 개인에게 사회와 문화는 신체적 과정과는 무관하지만, 인간적 삶의 양식과 관습의 본질에 근거를 두고 있는 강제적 요소이자 동시에 외부 세계와 관계를 맺고자 하는 개인의 욕구 자체이다. 마치 고독을 피하고자 하는 욕구와 유사하다.

생리적 욕구는 근본적으로 자연적 충동과 연관되어 있다. 그렇지만 인간의 삶이 문화적, 사회적 환경과는 무관하지 않기 때문에 그 내용에 있어서 환경적 요인의 지배권으로부터 자유롭지 못하다. 마치 개인의 생존과 그 충동 구조가 "경제제도" 또는 "사회적 계층 구조"와 연계되어 있는 것과 동일하다.

인간의 본성이자 사회적 활동의 특징을 해명하는 핵심 개념으로서 프롬은 "정신적 고독" 개념을 제시한다. 그는 인간이 태어나서 세상에 던져진 이래로 떨쳐 버릴 수 없는 과제이자 심리적 부담 상황을 "고독감"이라고 보았다. 특히 "정신적 고독"으로부터 벗어나고자 하는 의지와 과제는 평생 짊어지고 살아갈 일종의 숙명과 같은 일이다. 고독으로부터의 탈출을 위해 개인은 타인과 어떠한 모습으로든 협력하고 합심하여 살아갈 수밖에 없는 것이다. 어떠한 사회나 문화적 환경이든 인간에게는 일종의 부담이지만, 동시에 개인적 고독과 고통을 벗어나 안착해야만 하는 존립 가능성이기도 하다.

"소속 욕구"는 이러한 현실적 상황에 안착하고 생존해야만 하는 의지와 접목되어 표출된다. 때론 그와 같은 욕구가 현실적 상황과 환경에 적절한 방식으로 오리엔테이션되지 못한 데에서 오는 또 다른 형태의 부담과 고독을 자초하기도 한다. 분명한 점은 "인간의 본성이란, 다양한 의지와 욕구와 같은 생물학적 요소들의 총체이거나 문화적 현실 속에 살아갈 때 자연스럽게 길들여져 가는 반생명적 형태의 충동과도 다른 것이다. 인간의 본성은 오히려 인간의 삶의 과정에 나타나는 일종의 결과물이다." 다만 인간이라는 생명체 자체에서 발현하는 고유한 메커니즘과 법칙이 인간, 즉 개체의 활동을 통해 드러난다.

가령 "인간 본성에는 고정적이고 변화되지 않는 요소도 존재한다. 그것은 바로 생리적으로 제약되어 기능하는 충동을 만족시켜야 하는 필연성, 고립감과 정신적 고독을 피하려는 의지가 누구에게나 존재한다는 점이다."

3장
개성의 출현과 자유의 다의성

프롬에 의하면 자유의 수준은 개인의 성숙도에 따라 결정된다. 개인의 성숙도는 "개체화" 정도로 표현되며, 개체화의 수준이 온전한 자유의 수행 능력과 비례한다고 생각하였다. 자유는 "인간이 스스로 독립적이고 개별적 존재로서 의식하는 정도에 따라서 달리 느낄 수 있는 개념"이기 때문이다. 인간이 태어나 최초로 맺었던 관계들로부터 벗어나는 과정이 개체화이다.

자유는 인간됨의 중요 덕목이기도 하다. 특히 근대 이래로 자유는 인간의 존엄성과 존재 가치를 표현하는 상징적 지표로 언급되고는 하였다. 그렇지만 자유의 가치와 의미야말로 자의적이고 주관적 판단 기준에서 벗어나기 어려운 것도 사실이다.

자유는 인간 존재를 특징짓는 개념이지만, 동시에 그 의미가 자유 자체를 독립적이고 개별적인 존재로서 의식하는 정도에 따라 달라질 수 있는 개념이기 때문이다.

인류가 인간과 자연의 동일성을 극복함으로써 자연과의 일체성을 벗어나 인간 자신을 인지하는 과정을 통해 발전해 온 것같이, 개인의 "자연적, 사회적 세계로부터의 탈출"은 독립적 자아의 발견이자 자유로운 개인의 발견과 직결되어 있다. 개인이 태어나 처음 주어졌던 자연적, 사회적 관계들로부터 벗어남과 독립적 자아의 발견은 동시에 발생한다. 이때 인식된 자아 자체는 일종의 외부 세계의 일부로 간주될 수 있다. 새로운 모습의 자기 인식 과정은 끊임없이 진행되기 때문이다.

"인간은 다른 동물들과 달리 세상을 살아갈 수 있는 적합한 행동 수칙이 준비되지 못한 채 이 세상에 태어난다. 그래서 인간은 다른 어떤 동물들보다 긴 기간 부모에게 의존적으로 생존해야만 한다. 다른 동물이 주어진 환경에 유기적으로 신속 반응할 수 있는 것에 반하여 인간은 자동으로 조절되는 본능적인 활동 속도가 빠르지 못하고 상대적으로 효과적이지도 않다. 그러한 여건으로 인해 인간의 경우 생존의 각종 위험과 두려움에 노출되어 있을 수밖에 없다. 본능적 대비를 위한 준비 상태가 없기 때문이다. 그렇지만 인간의 생물학적 무력함이야말로 인류의 발달이 시작되는 기반이고 출발점이기도 하다. 이와 같은 의미에서 인간의 생물학적 약점이야말로 바로 인간 문화의 조건이다."

프롬에 의하면 인간의 개체화는 어머니의 탯줄과의 단절과 함께 시작된다. 그러나 처음에는 불안정적 개체화 상황에 머물러 있게 된다. 자유가 없기 때문이다. 자유가 주어지지 않고 생물학적 유대성에서 유래하는 안정감이나 소속감으로 세계와 관계하는 개체화 이전의 단계를 프롬은 "일차적 관계"라고 부른다. 원시 사회는 사회뿐 아니라 개인의 심리 구조 역시 이와 같은 일차적 관계를 토대로 하고 있다. 어린아이의 심리 구조가 그의 어머니와 맺어져 있는 생물학적 유대 관계에서 나오는 심리적 상태와 맞닿아 있는 것과 마찬가지로 원시 공동체 사회의 구성원들은 그가 속한 씨족 공동체와의 자연적 친밀성이 가까이에 있다고 볼 수 있다. 중세 시대에도 인간을 교회와 그의 사회적 계급에 연결시키는 경향이 있었는데 이 모두 일차적 관계에서 발전된 형태로 보았다.

태아가 세상에 던져졌다는 것의 의미는 무엇일까? 탯줄이 끊어지고 어머니로부터 독립한다는 것은 한 몸에서 두 몸으로 분리되는 사건이지만 기능적 측면에서 태아는 미분리 상태로 머물러 있게 된다. 스스로 먹지도, 생각대로 움직일 수도 없는 상태에 놓여 있다. 어머니의 보호가 없이는 생존이 불가능한 '기능적 의존 관계'에 머물러 있다는 것이다. 그렇지만 태아의 성장과 함께 분리된 실체를 인지하면서 기능적 분리 상태로 변해가는 것이다.

태아에게는 어머니와의 단절과 함께 세상과의 만남이 시작된다. 세상에 대한 경험은 필연적으로 욕망의 좌절이나 금지를 수반한다. 세상과의 만남은 무수히 많고 긴 교육 과정을 거치며 축적된다. 최초의 태아 상태에서 개인은 자신의 개별성을 감지하지 못한다. 욕구와 욕망의 결핍이 가중되어 나타날 뿐이다. 아이에게 아직 자신은 타자이며, 자신의 타자성이 어떤 의미를 지니는지 자각되지 않았기 때문이다. 생존 충동의 구현과 권위에 의존하는 경향은 이 시기에 동시적으로 나타난다. 부모에 의존하는 경향, 특히 어머니의 권위에 의지하는 성향이 그와 같은 것이다.

개체화 과정에서 어린아이는 점차적으로 어머니와의 혈연 관계를 상실하게 됨과 동시에 자유와 독립을 추구하는 경향이 강화되는 방향으로 성장한다. 이러한 과정은 개인에게 두 가지 의미를 갖는다.

첫째는 개체화 과정을 거치면서 육체뿐만 아니라 정신적 부분도 강해지는 경향이 있다. 자아의 성장과 무관하지 않다. 자아가 성숙되어 간다는 것은 자신의 주변 환경 및 자기 자신까지도 본인 스스로 통제할 수 있는 힘이 생겨나는 사건을 체험하는 과정이기 때문이다. 개체화 과정이 개인에게 부여하는 또다른 측면은 '고독의 증대'이다. 외부 세계로 진입하는 정도에 따라 자기 자신은 고독한 존재라는 것, 모든 사람과 구별되는 존재라는 사실을 자각하게 된다.

고독감과 무력감의 고통을 극복하려는 것은 외부 세계에 맞서 생존해야 하는 모든 개별자의 본능적 충동이기도 하다. 그렇지만 개체화 과정에 주어지는 심리적 부담 상황은 근본적으로 완전히 해소될 성질의 것이 아니다. 세상에 태어나게 되면 육체적으로 다시 어머니의 자궁 안으로 돌아갈 수 없는 것과 같이 정신적으로도 개체화 과정에 역행할 수 없기 때문이다. 만약 실존적 처지를 회피하려고 한다면 그 외부적 대상에게 복종하거나 그의 권위에 굴종하는 형태로 모면할 수 있다. 그렇지만 그것이 근본적 해결 방안이 될 수는 없다. 그렇다고 현실적 사태에 순응하는 것이 고독과 불안을 피하는 유일한 방법은 아니다.

프롬은 외부의 어떠한 권력 대상에게 복종이나 굴종하는 형태를 회피하면서도 인간과 자연의 자발적인 관계나 개성을 존중하고, 동시에 개인과 외부 세계를 결합하는 관계 방식이 존재한다고 강조한다. 그러한 태도의 중심에는 '애정과 생산적인 가치'가 놓여 있다고 보았다. 이와 같은 원리는 개성의 통합과 힘이 중시되며 자아의 성장과도 비례한다. 생산적이고 긍정적 인격체로 성장한다는 것은 아이의 개인적인 개성이 성장 환경과 주변적 힘에 적응하고 통합하는 과정이며, 동시에 아이가 다른 사람들과의 근원적인 동일성을 상실하고 그들로부터 점점 독립해 가는 과정이기도 하다.

아이가 성장 과정에 겪게 되는 개체화 과정의 자연스러운 발달 과정에 수반되는 고독감과 고통의 극복은 개인적 또는 사회적으로 다양한 요인들에 의해 방해되는 경우가 많다. 이러한 상황에 직면할 때 개인은 독특한 심리적 현상을 일으키는데, 프롬은 이를 '도피의 메커니즘'이라고 불렀다.

곤충과 같이 계통 발생론적으로 볼 때, 발달 단계가 낮은 동물의 사회 조직일수록 본능에 의존하는 경향이 강하다. 이에 반해 고등동물로 분류되는 생명체일수록 출생 순간부터 행동 양식에 유연성을 띠지만 육체적 전문성이나 적응력은 불완전하다. 이와 같은 유형의 고등동물의 전형적인 모습이 인간에게서 나타난다. 인간은 모든 동물 중에서 그의 신체적 전문성이나 충동 구조에 있어서 가장 무기력하다. 인간의 능력은 본성에서 주어지는 것이라기보다는 본성에서 벗어남과 함께 갖춰 나갈 수 있게 된다.

본능의 결여와 자유의 증대는 비례한다. 자유는 인간 존재의 고유한 특성이기도 하다. 인간의 개별적 존재의 특성은 자연에 대한 적응이 그 강제성을 상실할 때 비로소 시작되기에 "인간 존재와 자유는 그 발단부터 분리될 수 없다. 여기에서 자유란 '…에 대한 자유freedom to'라는 적극적인 의미가 아니라 '…로부터의 자유freedom from', 즉 그 행위를 본능적으로 결정하는 것으로부터 자유라는 소극적 의미이다."

인간은 다른 동물에 비하여 생물학적 결함을 갖고 태어난다. 상대적으로 오랫동안 부모에 의지해야 하며 환경을 지배하고 살아갈 수 있는 신체적 전문성도 부족한 상태로 세상에 나온다. 환경에 효과적으로 대응할 대응 수단의 결여는 개인의 입장에서 살아가는 모든 과정에 두려움과 위험으로 다가온다. 그렇지만 바로 그 점으로 인해 인간의 발전과 인류의 진보가 가능했다고 볼 수 있다. "인간의 생물학적 약점이야말로 인간의 문화 조건"이 되었다.

자연에 대한 극복 과정의 주요 활동들은 "생각하기"로부터 시작된다. 사유 활동을 통해서 인간은 자연에 대한 자신의 역할을 완전히 수동적 태도로부터 능동적 대응 관계로 전환해 갈 수 있다. 그리고 인간은 물건을 "생산"하는 활동을 통해 자신을 만들어 간다. 특히 도구를 만들고 자연을 정복해 가면서 자연으로부터 더욱 멀어져 간다. 여기에서 인간은 자연의 일부이면서도 자연을 초월해야 하는 모순된 관계가 발생한다. 이 모순된 관계를 유지하는 운명은 궁극적으로 죽음이라는 예정된 미래와 연계되며 평생 벗어날 수 없다.

철학은 인간 본성의 해명을 목적으로 한다. 프롬은 인간의 본성을 해명한다는 것은 인간의 이해를 의미하며, 특히 인간의 심리적 구조의 해명이 인간을 이해하는 데 시금석이 된다고 보았다. 이성(자의식)의 출현으로 인간은 우주의 예외자이자 하나의 이방인이 되었다. 인간은 한편으로 자연의 일부분으로서 물리적 법칙에 종속된다. 인간이 이를 변화시킬 수는 없으나 그와 같은 자연을 능가할 권능을 보유하고 있다. 인간은 자연의 일부분이면서도 독립되어 있다. 그리고 그는 거처할 곳이 없으면서도 모든 피조물과 공유할 주거 장소에 매여 있다. 그 속에서 인간은 종말, 한계, 무력감 등을 실감한다.

인간의 출생과 함께 그에게 주어졌던 안락함은 갑자기 낯섦과 부담 또는 고통으로 다가온다. 이와 같은 느낌이 개인이 경험하는 최초의 '소외감'이다. 어머니의 자궁 속에서의 안락함은 고독으로 바뀌고 그 고독을 극복하기 위하여 인간은 각 개체에게 주어진 "자유"를 통하여 새로운 환경을 개척하며 살아간다. 인간이 세계와 만나면서 체험하게 되는 외로움과 고독감과 같은 불편한 감정과 고통을 극복하는 일은 인류의 긴 역사가 흘러오는 동안 모든 인간의 지적 활동이나 종교 등, 그들이 시도

했던 최우선 과제였다. 그런데 인간에게는 독립심을 가지고 당당히 살아가려는 경향과 보호와 의존 속에서 살아가려는 양면적 성향이 존재한다. 이를 프롬은 "실존적 이분성"이라 칭하였다. 즉, 인간은 실존적 상황으로부터 "퇴행"이나 "진보"냐를 결정할 수 있고 결정해야만 하는 처지에 직면한다는 것이다.

인간이 "퇴행"이나 "진보" 사이에서 쉽게 선택하지 못하는 것도 인간의 이분성 때문이다. 프롬에 의하면 인간이 정상적이고 건강하게 성장한다는 것은 '자유'와 '진보'를 선택하는 삶이다. 자유를 통해 세계와 관계를 맺고 능동적으로 존립해야 한다. 이러한 능동적 삶은 곧 생산적이고 창조적인 인간으로 살아감을 뜻하며, 사회와 공동체적 관계를 맺고 살아가는 능력이다. 프롬에게 있어서 사랑이란 대상에 대한 "배려, 책임감, 존경, 지식"이 기반이 되는 것이어야 한다. 특히 대상의 존재 자체를 인정하는 "존경"은 그 어원 "respicere = to look at"이 말해 주듯, 한 사람을 또는 그 존재를 그대로 바라보는 능력, 곧 그의 독특한 능력의 개성을 인식함을 말한다.

프롬에게 있어서 인간의 본성을 해명한다는 것은 인간의 사회적 실존에 대해 이해한다는 것을 의미한다. 특히 그는 인간의 사회적 경향에 대한 심리적 구조의 해명이 인간을 이해하는 데 시금석이 된다고 강조한다. 인간의 존재 이유이자 목적은 "존재함" 그 자체에 있다. 존재함이란 살아 있음이요, 그 무엇에도 억압당하거나 억압하지 않는 자율적 실존을 의미한다.

"사회적 성격"은 인간의 속성의 하나이다. 이는 개인의 일반적 성향과 가치관, 생활 구조 그리고 사회와 경제적 환경은 불가분의 관계에 있다는 의미이다. 프롬은 개인의 정신적 영역이 사회, 문화적 요소에 의존해 있다는 것을 의미하는 것으로서 한 사회는 구성원의 세계관이나 욕구 체계로부터 영향을 받지만, 그 개별자의 시야와 가치관은 사회로부터 자유롭지 않은 '상호 작용' 관계에 있다고 보았다. 이와 같은 의미에서 인간의 본성은 자유롭지만, 사회적 실존 관계에 매여 있다고 볼 수 있다.

이와 같은 실존적 처지에서 유래하는 소외를 경험하면서 인간은 현재의 불안과 고독 또는 위기에 대한 체험에서 오는 고통에서 벗어나 안락한 곳을 구한다. 프롬은 이때 인간은 두 가지 양태로 반응한다고 보았다. 하나는 생산적 방식의 충동이고, 다른 하나는 비생산적이고 퇴행적 방식의 욕망과 행위이다.

퇴행의 행태는 태아가 어머니의 자궁 속에서 자기 어머니의 보호를 받았던 그 순간으로 되돌아가려는 충동과 유사하다. 그는 독립성과 자유를 포기하지만 안락함을 느낀다. 프롬은 이 또한 '소외'라고 보았는데 현대의 자본주의적 산업사회에서 그 극단적 모습을 보여 주고 있다고 진단하였다. 유아기에 최초로 체험하는 소외와 달리 자유의 포기이자 퇴행의 결과로 획득하는 안락은 소외이자 일종의 병리 현상인 셈이다. 반이성적이며 타율적 자아를 보유하기 때문이다.

프롬은 이 시대의 우상은 나무, 달, 돌이 아니라 바로 우리 주위의 권위주의적 독재자들이라고 지적한다. 이는 정치적 독재자뿐만 아니라 사적인 안위를 구하고 현존의 안락을 위해 의존하게 되는 모든 유형·무형의 권력이다. 당시 대표적 우상은 히틀러였다.

히틀러는 파괴적이며 병적인 착취 지향적 성격을 보유하고 있었으며, 정신분석학적으로 볼 때 죽음을 구하는 성격에 의한 사디스트의 전형이었다. 동시에 그는 신격화되었으며, 그를 추앙하고 신봉하는 미성숙하고 소외된 모습의 독일 국민들과 일부 유럽 내 추종자들을 프롬은 마조히스트로 불렀다. 대상과

유형은 다르나 우리 시대에도 유사한 형태의 사디즘과 마조히
즘이 현존하며 그 대상이 종교적 추앙의 대상이든 정치적 독재
자이든 폭력과 부조리한 사회의 원인 제공자 역할을 하고 있
다. 사람이 아닌 기술과 자본 또는 지식과 과학이 맹신의 대상
으로 등장하기도 한다.

자유를 향한, 자연의 극복을 향한 인간의 노력은 성서의 '창
세기'에 담겨 있다. 인간은 세상을 창조한 신의 명령을 어기고
선악을 아는 과일을 먹음으로써 자연과의 조화 상태를 깨뜨린
다. 프롬에 의하면 이 사건은 기독교 교회의 전통으로 볼 때 죄
악이라고 볼 수 있다. 그러나 인간의 입장에서 이는 최초의 인
간적 활동이었으며 "인간적인 자유의 시작점"이었다고 의미를
부여한다. 권위의 명령에 반기를 드는 것, 죄를 범하는 일은 인
간의 입장에서 인간의 자연적 요소를 거스르는 용기 있는 행위
이며, 최초의 자유 행동이자 "인간적 행동"이었다고 주장한다.

성서의 위 본문에서 전제되고 있는 죄란, 신의 명령에 대한
거역이요, 지혜의 열매를 따 먹는 행위였다. 불복종 행위란 자
유의 행동이었으며 곧 이성적 행위의 시작을 알리는 사건이었
던 것이다. 이로써 인간과 자연의 근원적인 조화는 파괴되었

다. 인간은 단순 피조물이 아닌 "개인"이 됨으로써 자연으로부터 분리된 '인간'이라는 새로운 정체성을 부여받는다.

자유로운 결단에 의하여 새로운 존재로 거듭난 인간은 "…로부터의 자유"에 매여 있지 않는다. 인간 존재의 특성에서 유래하는 "…에 대한 자유", 즉 적극적인 자유를 누리고 활용하기 시작한다. 이러한 적극적 자유를 저지시키는 요소들은 늘 우리를 따라다닌다. 자연적 환경이나 혈연관계, 자연과의 실체감으로부터 유래하는 원시 종교에 이르기까지, 그 배후엔 인간이 결국 자연계의 일부임을 전제하는 '일차적 관계'의 논리가 숨겨져 있다.

'일차적 관계'로 인하여 성숙한 개인으로 발달되는 일은 늘 방해와 위협의 대상이 되고는 한다. 이는 인간의 일생에 늘 수반되는 과제이기도 하다. '일차적 관계'는 인간 이성의 발달을 저지하며 비판력과 독립적 가치를 무시한다. 그리고 이러한 논리는 개인의 사회 활동에까지도 영향을 준다. 가령 씨족사회나 사회적, 종교적 논리를 통해 개인의 정체성을 정의하고, 통제하고자 한다.

일차적 관계의 논리에 의존하는 사유와 문화 체계 또한 자유롭고 자율적이며, 생산적인 존재로서의 개인으로 성장하는 개인을 저지한다. 이때 개인은 일차적 관계의 지배 속에서 오히려 안전하다고 느낀다. 개체화 과정에서 주어지는 부담 상황으로부터 벗어나 자유에 대하여 회의하며, 의미와 방향을 상실한 삶을 기꺼이 누린다. 자유를 반납하고 비록 개인의 권한과 자율성이 사라질지라도 불안감으로부터의 구원을 약속받는다. 세상을 적극적으로 살아갈 때 누릴 수 있었던 권한들을 포기하고 외부 세계에 복종함으로써 안락과 풍요함의 도피처를 취득하게 되는 것이다.

4장
종교개혁 시대의 자유

역사의 흐름에 따라 개체화 및 개성의 증대가 일반적 추세였다는 점은 틀림없으나, 그 의미와 유형에 있어서 모두 동일하지 않았다는 점을 2장에서 다루었다면, 3장에서 프롬은 중세 말기 이후 근대에 개체성은 어떻게 형성되었고 그 배후엔 어떤 시대적 흐름들이 존재했는지 구체적 상황들을 들어 분석하고 있다.

우선 단편적으로 볼 때 근대는 중세에 비해 자유가 증대되고 개인의 자율적 권한이 증대된다고 볼 수 있는데 사실이 그러하였는가? 또는 자유의 증대에 대하여 누구에게나 일괄적으로 적용할 수 있는 근거는 존재했을까? 만약 자유의 증대가 일반적 경향이 아니거나 특정한 대상들에게 예외일 수 있었다면 그 이유는 무엇인가? 그리고 그것을 정당화시키는 논리가 무엇이었을까? 3장은 이와 같은 물음들에 대한 답을 제시하고 있다.

1. 중세적 배경과 르네상스

에리히 프롬은 중세에 대하여 다룰 때 드러나는 두 가지 편견을 언급한다. 첫 번째의 견해는 중세를 암흑의 시대로 간주하는 역사주의자들의 관점이며, 두 번째 시각은 이상주의적 사회로 보는 사람들의 관점이다. 주로 진보적 비평가들의 관점이 이에 가까운데, 프롬은 이 두 견해 모두 부분적으로만 정당하다고 보았다.

프롬이 경계한 두 견해를 관통하고 있는 특징들은 우선 어떠한 전 이해나 이데올로기를 통해 역사를 바라보는 시각 그리고 편협한 시각을 일반화시킬 때 나타날 수 있는 잘못된 정보를 일반화하는 오류였다. 이와 같은 관점은 프롬뿐만이 아니라 프롬의 활동 시기에 함께하였던 비판이론자들의 일치된 시각이기도 하였다.

인류의 역사적 흐름을 필연적 진화의 원리로 규명하고자 하였던 역사진화론자들이 세계의 시대적 흐름을 일정한 공식과 정해진 원리로 규정, 해석하고자 한 시도들에 대하여 이들은 비판적이었고, 아울러 지나친 과학에 대한 맹신도 왜곡된 지식과 기술을 양산하는 요인이 된다고 보았다. 동시에 철학이나 인문학에 주로 나타나는 전통적 형이상학에 대한 의존 현상 역시 공허하고 비현실적 관념의 학으로 정체되도록 하는 핵심 요소라고 주장한다. 이들은 선입견이 배제되고 다양한 경험적 정보와 지식을 아우르는 현상학적 방법론에 다소 우호적이었다. 프롬 역시 그러한 생각들에 대한 공감대 안에서 중세 사회에 대하여 설명한다.

르네상스 시대로 특징지을 수 있는 근대의 태동기를 볼 때, 이탈리아를 중심으로 꽃피웠던 르네상스 시대는 결국 상류층을 위한 욕망이 그 중심에 위치하게 되었다. 자본주의적 경제 질서와 부의 확대는 그들의 자유감을 확대시켜 주었으나 이들이 부를 누리고 자유를 확대하기 위해 대가를 치러야 했던 대상들이 발생하였고, 이를 가능하게 한 논리적 정당성을 제공한 자들이 존재했다고 보았다.

상류 부르주아 계층의 자유가 확대되는데 희생된 이들은 농민과 사회적 하층민들이었다. 이들의 편중된 자유와 권한을 정당화시켜 준 근거를 제공한 것은 프로테스탄트주의의 대표적 사상가였던 루터와 칼뱅이다. 프롬에 의하면 이들은 자본주의적 윤리를 구축하는 데 지대한 기여를 하기도 하였다. 자연에 대한 착취와 치열한 경쟁, 편중된 부의 현실적 당위성 그리고 힘의 논리에 의해 사회와 국가가 작동한다는 것이 왜 필요하고 최선의 선택인지 설파하고 가르쳤다. 힘과 권력, 소외와 착취가 과학과 기술의 발달에 발맞추어 새로운 장비, 자본주의적 원리를 담은 새로운 체제를 제시하며, 개인을 억압하고 고립시킬 때 대중에게 근대 사회는 고통과 이전보다 더욱 큰 회의적 상황으로 다가온 것이다.

프롬에 따르면 중세 사회가 물론 근대 사회와 비교하여 볼 때 "개인적 자유가 결여"되어 있던 것은 사실이다. 그렇지만 개인의 자유가 전체적으로 억압되거나 통제된 것은 아니었다는 것이다. 특히 신분의 차이에 따라 다소 차이는 있었겠으나, 대부분 개인의 생활과 일상은 보호되고 용인되었던 것에 반하여 사회적, 공동체적 관계의 틀 안에서 주어진 기능과 역할은 통제되었다. 이주의 자유도 없었다.

> "사회 체계는 곧 자연의 질서로 이해되었고, 사회의 일부가 된다
> 는 사실은 안정감과 소속감을 주는 것이었다. 중세 시대에는 구
> 성원들 사이에 경쟁이 존재하지 않았다. 사람은 각기 태어날 때
> 부터 이미 일정한 사회적 지위를 보유하고 있었으며, 그로 인해
> 전통적으로 정해진 생활은 보장되어 있었다."

중세 초기에 인간은 사회적 질서 안에서 맡은 바 직무에 충
실해야 할 의무가 있었으며, 계급의 이동이나 지리적 이동조차
불가능했다. 사람은 그가 태어난 곳에서 평생 살아야 했고, 개
인의 삶은 경제적 또는 사회적 역할에 의해 일치할 것이 강요
되었다. 인간은 자유로운 개인이 아닌 한 사람의 농민이었고
직공이고 기사였으며, 그와 같은 사회질서는 자연적 질서로 받
아들여졌다. 그렇지만 중세에도 사회적 지위에 따라 다르겠으
나 생활 속에서 개인적인 자유가 부분적으로 허용되었다. 자유
롭게 독창적인 사업에 종사할 수가 있었고 정서적으로도 자유
로운 생활이 보장되었다. 즉, 이동의 자유가 없었고 계층에 따

른 처지가 다르긴 했으나 고독감과 고립의 공포에 짓눌려 살아야 했던 것은 아니다.

"중세 사회가 개인의 자유를 빼앗았다고 말할 수는 없다. 그 당시에는 아직 '개인'이라는 관념조차 존재하지 않았기 때문이다. 개인은 일차적 관계를 통해 외부 세계와 연결되어 있었으며, 자기 자신을 하나의 독립된 개인으로 인식하지 못했던 시기였다. 단지 당시에는 자연적 역할이라고 이해되었던 '사회적 역할'이라는 매개를 통해 비로소 자기의 존재를 인지할 뿐이었다. 이와 같은 의식 상태에서 타자 또한 독립된 '개인'으로 생각할 수 없었다."

중세에 인간은 사회적 구성원이었으며, 문화적 환경과 관계성에 의해 규정되는 존재에 불과하였다. 국가나 민족, 조합과 같은 단체가 개인의 존재 의미와 정체성을 규정하였다. 그러나 중세 후반에 들어 변화의 조짐이 생긴다. 개인주의가 현저하게 성장하게 된다. 이는 사회, 문화적 환경의 변화와 직결되어 있었다.

과학과 기술의 발달이 이와 같은 변화를 야기시킨 가장 근원적 배후 세력이다. 경험과학의 발달로 인해 새로운 기술문명이 발전하게 되었고 이전에 없던 다양한 관찰 도구나 이동 수단이 만들어졌다. 이러한 도구들의 개발을 통해 종교적 전통과 관습의 영역을 넘어서는 새로운 경험과 체험이 가능해졌다. 이제 기존의 가치와 이념은 더 이상 힘을 발휘하지 못했다.

중세의 공동체 사회를 이끌었던 이념적 토양이었던 기독교 문화는 중세 후반에 들면서 대두된 과학문명의 부흥과 함께 그 지배력을 상실해 가기 시작했다. 종교적 전통의 형이상학 요소들은 더 이상 과학과 기술의 실증주의적 특성에 적수가 되지 못했기 때문이다. 기독교 이념의 통제력이 상실되는 현상과 함께 중세 사회의 통일과 중앙집권 구조 또한 점차 약해졌다.

자본주의적 문물의 발달과 함께 경제적 부흥이 일어나며, 새로운 형태의 유산계급이 출현했다. 아울러 기술의 발달과 함께 이전에는 보호받지 못했던 수공업자들과 상공인들이, 경제적 활동 공간이 확장되고 재정 능력이 확대됨으로 인해 사회·문화적 영향력이 향상되는 경향이 생겨나게 되었다. 그들에게는 전통적 규범 안에서 주어졌던 권한과 책임이 따르지 않았으나, 그들은 일상생활에서 사적 욕구와 의지를 관철할 수 있는 지적 능력과 자본을 확보하고 있는 이들이었다. 그들의 활동은 이후 근대로 전환되는 과정에 유행과 지식, 예술, 철학 등 적지 않은 영향을 주게 된다. 이들의 성향은 '개인주의'가 성장하는 방향과 궤를 같이하였다.

중세 문화가 꽃을 피운 곳이 이탈리아를 위시로 한 남부 유럽이었던 것과 같이 중세 문화의 붕괴 역시 그곳에서 시작되었다. 북부 또는 서부 유럽에 비해 문화적 선진화의 속도가 빨랐기 때문이었다. 당시 정치적·경제적 구조의 변화는 중세 말기적 현상과 근대 사회의 모습이 거의 동시에 나타나기 시작하였다. 그러한 현상의 배경엔 지리적 요인이 주요하였다. 로마제국의 중심 무대였던 이탈리아를 위시로 한 지중해 무역을 통해 상업적 이익이 발생하였고, 교황과 황제 간의 세력 다툼으로 다양한 독립적 정치 조직들이 생겨났다. 이 여파로 이탈리아는 방직업과 같은 공업 발달에 중요한 기술이 유럽의 다른 지역보다 먼저 발달하게 되었고, 근대식 유산계급의 토대를 마련하게 되었다.

르네상스는 부와 권력을 가진 상층계급의 문화였다. 새로운 경제력과 부를 거머쥔 자들이 주도하는 사회에서 부도 권력도 없는 일반 대중은 봉건시대에 보류했던 사회적 안전판마저 상실해 버림으로 권력자에게 아첨하여 생존하거나 교묘히 조종당하는 '홀로 된 군중'으로 변하였다. 중세의 사회 기구가 부여해 준 안전감과 소속감이 사라짐으로써 그들은 전보다 자유로워졌지만 더욱 고독해졌다. 생존을 위해 일상적 쾌락을 포기해야 하였고, 계급 내 경쟁자들을 물리치기 위하여 육체적 고통을 감내하고 투쟁해야만 했다. 사람과 사람의 관계는 권력이나 부를 쟁취하는 도구로 전락하며, 동료애와 배려는 사라지고 냉정한 마음과 고립감이 밀려왔다.

중세에는 비교적 안정적 지위를 누렸던 장인과 상인들의 위치는 중세 후반으로 진행되면서 와해되기 시작하였고 길드와 같은 상인 조직도 붕괴되었다. 이는 자본주의적 질서의 도입과 기술의 발달에 따른 새로운 형태의 도시 문화와 무관하지 않았다. 자본주의의 발달과 함께 노동에 대한 새로운 관점과 세계관이 요청되는 상황이 도래하게 되었다. 교회와 신학적 경향에도 변화가 생기기 시작하였다.

이들은 부유함, 즉 물질적 부를 추구하는 욕망이 인간 본연의 성향이고 덕목이라고 이해하기 시작하였다. 이와 같은 가치는 사회적 계급과 처지에 따라 달랐지만, 지배 계층의 이익에 부합하는 방식으로 전개되어 갔다. 도시의 빈민층과 노동자들은 이와 같은 논리를 명분 삼아 무한히 착취당했으며, 농민층의 경제적이나 문화적 고립이 극심해져 갔다.

타인은 이용의 도구이자 대상물이기에 나의 욕구와 목적을 달성하기 위해 파괴하고 또는 이용할 수단이 될 수 있다. 개인이 경제적, 정치적 속박으로부터 자유롭게 된 것은 사실이었다. 동시에 폐쇄된 세계에서 누렸던 고정된 지위를 상실하면서 자신의 삶의 의미와 존재 이유를 알지 못하게 되었다. 이로써 자신의 존재와 삶의 목적에 대한 의혹이 커지는 가운데 자본이나 시장 논리와 같은 초인간적 힘에 노출되어 버린 것이 르네상스 시대 인간의 모습이었다.

모든 사람이 잠재적 경쟁자가 되었기에 동료도 일종의 적대자가 되어 버렸으며, 자유로운, 그러나 문화적 무방비 상태로 홀로 되어 버린 개인은 다양한 형태와 방향에서 위협과 공격의 대상이 되었다. 인간은 자신의 무가치함과 무력감에 사로잡혔고, 중세적 신앙이 옅어진 개인의 심령은 천국을 잃고 홀로 외부 세계에 직면한 막막하고 두려움에 찬 이방인 신세가 되어 내버려진 형국이 되었다.

　"새로운 자유는 불안, 무력, 의심, 고독, 걱정과 같은 심각한 감정
　을 갖게 하였다. 따라서 개인이 바라는 바대로 기능을 발휘하려
　면 이러한 여러 가지 감정은 마땅히 없어지도록 노력해야 하는
　숙제를 안게 되었다."

　중세 사회의 경제생활의 두 가지 원리는 첫째로 경제적 이익
은 삶을 위한 인간행위이며 구제 수단의 역할을 했다는 점과,
둘째로 경제 활동은 인간의 모든 행위가 그러하듯이 도덕적 원
리에 구속되어야 한다는 원칙에서 벗어나지 않았다. "부가 인
간을 위하여 존재하는 것이지, 인간이 부를 위해 존재하는 것
이 아니"라는 성안토니우스St. Antonius의 주장과 같이, 인간의 안
락함을 추구하는 것을 넘어서는 부의 추구나 탐욕은 큰 죄악으
로 보았다는 점을 프롬은 강조하고 있다.
　사유재산 제도는 중세적 시각으로 볼 때 타락한 세계에서 필
요한 제도이다. 거래는 정당한 일이다. 각 나라에 서로 다른 자
원이 있는 것은 신의 섭리이다. 그렇지만 위험요인이 있는 것

도 사실이다. 거래 활동은 공공의 복지를 위한 것이어야 하며, 자신의 이익을 취하는 것은 노동에 대한 보수만으로 한정하여야 한다. 그 이상을 탐닉하는 것은 타락이고 죄악이다. 재산은 합법적으로 획득되어야 하며, 또한 될 수 있는 대로 많은 사람들이 고루 가져야 하고, 가난한 사람들의 삶을 지탱해 주어야 한다. 재산의 사용은 가능한 한 공적 의도 아래 이루어져야 하며, 소유자는 재물이 꼭 필요한 자에게 기꺼이 나누어 줄 의무가 있다. 프롬은 중세 경제 원리는 공산주의를 이상적으로 받아들였다고 설명한다.

중세의 직공들과 상인의 지위는 비교적 안정적 균형을 이루며 유지되어 왔다. 그러나 중세 말기에 이르러 균열이 생겨나기 시작하면서 16세기에는 완전히 붕괴되어 버린다. 프롬에 따르면 자본주의의 출현은 중세의 안정되었던 사회-경제질서에 심각한 변형을 가져왔다. 우선 길드 내 자본을 다량 확보한 길드 구성원이 다수의 직공을 고용하면서 길드 조직 안에서 위상의 변화가 발생하였고, 길드 조직 사이에 자본 확보 수준에 따라 위화감이 형성되어 결국 구매력이 강한 개인이나 집단의 독점적 지위가 확장되는 속도에 따라 직공과 상인의 안정된 구조는 와해되어 버리게 되었다.

직공이 고용주가 되는 경우가 발생하였고, 고용주는 이윤을 창출하기 위해 직공을 보유하고 공장을 운영하면서 전통적 경제 규범의 차원을 벗어나게 되었다. 길드 또한 더욱 독립적이고 배타적인 모습으로 탈바꿈하게 된다. 이에 비해 직공들에게 주어지는 기회는 더욱더 축소되고 빈약해져 갔다. 농민의 처지도 예외가 아니었다. 특히 영주의 토지 근처에서 거의 독립적인 생활을 하였던 중산층 농민들은 세금의 증가와 부역으로 사실상 노예와 같은 처지로 신분이 바뀌게 된다.

자본주의적 경제 구조와 사회적 발전은 개인의 삶에 여러 가지 변화를 가져다주었다. 격변하는 사회적 환경에서 개인은 불안감을 느끼게 된다. 근대적 시간관념은 중세 사회와 달랐다. 1분 1초가 중시되었으며 강박관념을 갖도록 사회적으로 종용하고 압박하였다. 뉘른베르크의 기계가 15분마다 종을 울린 것도 16세기 시대적 분위기와 관련되어 있었다. 쉼과 놀이는 불행한 것으로 생각되기 시작했으며 시간을 낭비하지 말라고 가르쳤다. 심지어 교회가 비생산적이라고 힐난할 지경에 이르렀다. 경제적 생산성이 없는 모든 행위와 태도에 대한 부정적 견해가 일반화되기 시작한 시기이다.

자본주의적 사회의 발단은 사회계급의 구조에 변화를 주었다. 자본주의적 경제질서는 전승된 문화나 계급, 전통적 규범 등 모든 부분에 지각 변동을 이끌었다. 경쟁과 싸움은 자본주의적 분위기의 상징적 현상으로 나타났다. 프롬은 서구의 역사에 근대식 "개인" 개념이 등장한 것이 이즈음이라고 보았다. 오래전부터 전승돼 오던 고정된 가치나 지위, 계급 등 모든 것이 더 이상 존재하지 않게 되었다. 고독한 개인이 탄생한 것이다.

"개인은 혼자가 되었다. 이젠 모든 것을 각자의 수고를 통해 해결해야 했으며, 전통적인 지위의 안정성에 더 이상 기대할 수 없게 되었다. … 자본주의는 개인을 해방시켰다. 자본주의는 개인을 협동적인 조직체로부터 해방시켰고 각자의 운명을 스스로 개척해 갈 수 있게 했던 것이다. 이제 인간은 자기 운명의 주인이 되어 위험도 이득도 모두 그들 자신의 짐이 되었다. 개인적인 노력을 통해 인간은 성공할 수도 있게 되었고, 경제적 독점의 권리도 부여되었다. 이러한 과정에서 돈은 인간을 평등하게 만드는 위대한 것이 되었으며, 출신과 계급보다 한층 더 강력한 것이 되었다."

중세 시대에 대한 낙관주의적 서술은 학문적 관점에 따라 이견이 존재하지만, 개인의 개념과 개성의 의미가 초기 자본주의 및 종교와 무관하지 않다는 점은 프롬이 주목하였던 사회학자 막스 베버 및 토니Richard Henry Tawney에게서도 볼 수 있다.

2. 종교개혁의 시대

근대 이후의 사회 상황과 비교해 볼 때 중세 시대 개인의 생활 조건이 폐쇄적이긴 했지만 고정된 지위를 얻고 안정된 생활이 가능했던 것에 비해, 초기 자본주의 시기에 개인은 혹독한 경쟁과 갈등을 당연시하는 냉혹한 현실에 놓이게 된다. 바로 이러한 시점에 '루터주의'와 '칼뱅주의'가 등장하였다. 그리고 이와 함께 자본과 경제 논리의 독점적 가치를 강조하였던 초기 자본주의의 이념이 존재하였다. 그러한 와중에 자본이나 정치적 권력 등 그 어떠한 방패막이도 없었던 도시의 중하위층 계급과 농부들은 자본주의적 엘리트 집단에 의해 착취당하고 경제-사회적 덫에 걸려들고 말았다.

과학과 기술의 발달, 자본주의적 경제질서의 독점적 지위, 도시의 중산계급과 가난한 사람들 그리고 농민들의 입지가 붕괴되면서 심리적 불안감이 가중되던 시기에 그들의 실존적 상황에 폿대 역할을 할 새로운 종교가 요청되었고, 이때 등장한 종교가 루터주의와 칼뱅주의였다.

특히 루터는 가톨릭 시대에 비해 성장한 개인의 자유와 권한에 대하여 설교하였다. 다만 인간의 원죄로 인하여 스스로 각자의 죄를 신 앞에 자복하고 신이 은총을 내려 줄 때 행복해질 수 있다고 주장함으로써 고독과 불행의식에 휩싸인 시민들을 위로하고자 하였다. 이러한 루터의 입장에 대해 프롬은 매우 문제가 많으며, 개인의 두려움과 의심, 불안감에 대한 임시방편에 불과하다고 평가절하하였다. 프롬은 프로테스탄트주의도 결국 자유로부터의 도피를 요구, 종용했다는 점에 주목하였다.

프롬에 따르면 이 당시 대중은 종교에 두 가지 기대를 품고 있었다. 새로운 종교는 그들 안에 팽배해 있는 무력감이나 불안감의 소리는 물론이고 '자유'와 '독립'이라는 새로운 감정마저 표현할 수 있어야 하는 매개체여야 한다. 동시에 그들은 이러한 새로운 유형의 종교를 통해 개인의 입장에서 도저히 견딜 수 없는 불안감을 극복하고 싶어 했다. 이런 의미에서 프롬은 종교에 대한 분석을 함에 있어서 위의 다양한 현상들을 전제한 상태에서 사회의 심리적 구조들에 대한 다층적 분석이 이루어져야 한다는 점을 강조한다.

우선 프롬은 중세 시대의 신학에 대하여 인간이 신의 모습으로 태어났다고 보는 시각과 신과 닮았다는 점에서 인간은 존귀하고 모두 평등한 존재로 이해했다고 보았다. 그러나 종교개혁과 함께 자본주의가 도래하고 이로 인해 다양한 형태의 두려움과 의혹, 불안정성이 증대되었다. 그렇지만 이를 극복하고자 하는 노력과 의지는 이성에 대한 신뢰와 인위적 활동을 존중하는 경향으로 나타나기도 하였다. 이와 같은 현상은 루터의 신학이 중세 시대에 존재하였던 교회의 권위를 송두리째 빼앗아 개인에게 의탁한 새로운 현실과 무관하지 않다.

"중세 시대 교회는 인간의 존엄성과 자유의지와 노력하는 삶이 유의미하다는 것을 강조하였다. 그리고 신과 인간 사이의 유사성을 강조하였으며, 인간은 신의 사랑을 확신할 수 있다는 점을 부각시켰다. 중세 말기에 시작된 자본주의로 인해 당혹감과 불안정성이 생겨났다. 동시에 신의 의지가 인간의 노력과 관련된다는 믿음이 생겨났다."

이와 같은 상황에서 등장한 것이 루터와 칼뱅의 교리였다. 당시 농민과 빈민 계층의 대중들은 그들을 인정해 주고 안정감과 존립을 보장해 줄 수 있는 새로운 메시지, 새로운 종교를 요청하고 있었다. 프롬은 루터와 칼뱅의 종교개혁을 언급함에 있어서 종교적 교리와 정치적 상황에 대한 설명에 있어 심리학적 요소들을 통해 해명하고 있다. 특히 주목하고 있는 지점은 사상가 개인의 성격 구조에 대한 연구와 그의 인성을 분석하는 것이다. 두 번째는 교리를 사상가 중심으로 들여다보는 것이 아닌 관련 이론이 어떤 사회적 환경 속에서 어떤 형식으로 수용되고 있는지 규명하고자 하였다. 지도자로서 두 사상가에 대한 분석이 이와 같은 맥락에서 시도되고 있다.

프롬은 루터에 대하여 전형적인 권위주의적 성격의 소유자로 분류한다. 심지어 16세기의 그의 관점과 정치적 태도에 대하여 20세기의 기준으로 대입시킨다면 히틀러 그리고 개인의 의지를 파괴하려는 또 다른 동시대의 독재자들과 크게 다르지 않았다고 주장하기도 하였다. 국가나 지도자에 대한 개인의 완벽한 복종의 원칙을 제시했기 때문이었다. 이는 그의 성장 과정에 체험했던 심리적 결함으로부터 나타난 개인적 성격과 연관되어 있다.

루터는 엄격한 부친에게서 자랐고 사랑과 안정감을 몰랐으며 권위를 동경하여 그에 복종하고자 했다. 극도의 고독감과 무력감 및 죄의식에 사로잡혀 있었으며, 다른 한편으로는 내면에 강렬한 지배 욕구를 소유한 전형적인 '권위주의적' 인물이었다는 것이다. 그는 다른 사람, 특히 천민을 싫어했으며 심지어 자기 자신의 삶마저 좋아하지 않았다고 한다. 이 증오심으로부터 사람들에게 사랑받고 싶다는 강렬하고 절망적인 충동이 생겨났고, 이러한 내적 심리 구조가 그의 사상에 일정히 투영되어 나타났다는 것이다.

성장 과정에 겪어야 했던 고통과 좌절이 그의 삶에 큰 심리적 환경을 조성하였고, 다양한 형태의 충돌과 도전의 삶을 살아온 것 그리고 사회적 하층민을 무시하고 지배하려는 성향이 강했던 것도 루터의 성장 체험과 무관하지 않았다고 보았다. 늘 아버지와 그의 권위에 대항하려는 충동으로 저항과 반발심이 발생하였고, 동시에 사회적 약자에 대해서는 아버지와 동일한 형태의 억압과 지배의 열정을 보유하고 있었던 것이다.

"루터는 강박적인 성격의 소유자가 가지고 있는 자괴감으로 번민했으며, 본인에게 내적 안정을 제공할 수 있고 불안정한 현실에서 구원해 줄 무엇인가를 끊임없이 구했다. 그는 타자, 특히 '천민'을 증오했으며, 자기 자신과 본인의 삶마저도 증오했다. 이와 같은 온갖 부정적 심리 상태로부터 그 누군가로부터 사랑을 받고자 하는 욕망과 절망적 충동을 동시에 보유하고 있었다. 그는 공포와 회의감이 가득한 인격체였으며, 그러한 내적 심리 구도를 통해 사회를 보고 실천하며 살았던 자이다."

루터에게 신과 인간의 지위는 인간의 무력성에서 기인한 상하 수직적인 복종의 관계였다. 심리학적 눈으로 볼 때 그의 사상에 흐르는 사랑과 신앙은 그 실체에 있어서 '복종'이라는 것이다. 루터는 의식적으로는 신에 대한 복종을 자발적이며 애정이 충만한 관계라고 말하고 있다. 그렇지만 그 내부에는 신에 대한 관계를 복종의 관계로 만드는 무력감과 죄악감이 가득 채워져 있다.

프롬은 이를 심리학적 용어로 "마조히즘적이며 의존적 성향의 사랑"으로 표현한다. 그렇지만 루터의 사상 체계가 가톨릭적 전통과는 다른 두 가지 측면이 존재했음을 프롬은 인정하였다. 그 하나는 이전의 중세 교회에 비하여 인간에게 '독립성을 부여'했다는 점이다. 즉 루터가 교회로부터 권위를 빼앗아 이를 개인에게 부여했으며, 그의 신앙과 구원관은 주관적 및 개인적인 경험에 의존하기 때문에 모든 책임이 개인에게 있다고 본다.

근대적 자유와의 연계성이 드러나는 루터 사상의 두 번째 측면은 개인에게 위협으로 느껴진 고독감과 무력감이 증대되었으며 이를 극복해야 하는 '부담감이 증대'되는 결과를 가져다주었다는 것이다. 루터에 의하면 인간의 본성에는 선천적으로 악이 존재하기에 인간의 의지가 본성에 따를 때 그 누구도 선행을 할 수 없다고 생각했다. 곧 인간은 사악하며 비도덕적 본성을 가지고 있어서 타락과 선을 선택할 자유조차도 허락하지 않은 것이 루터 사상의 근본 시각이라고 프롬은 지적한다.

루터는 그의 『노예의지론』에서 다음과 같이 주장한다. "자유의지의 명제를 전적으로 포기하고 싶지 않을지라도 그것을 내버리는 것이 안전하며, 가장 경건해질 수 있는 방법이 … 될 것이다. 적어도 인간에게 '자유의지'를 허용하는 한, 그것은 인간 위에 자리 잡고 있는 존재에게 사용될 것이 아니라 바로 인간 아래 자리 잡고 있는 존재에게만 사용될 것이다. … 인간은 적어도 신을 향해서는 '자유의지'를 갖지 못하며, 신의 의지에 대해서도 또는 악마의 의지에 대해서도 포로이며 노예이며 하인이다."

사람이란 신의 수중에 들어 있는 하나의 무력한 도구일 뿐이며 근본적으로 악한 성질을 가지고 있기 때문에, 그의 유일한 직무는 신의 의사에 전적으로 자기를 위임하는 일뿐이다. 인간은 오직 신앙 체험을 통해 신의 은총을 받음으로써 본성이 변할 수 있다. 신앙적 행위를 통해 개인은 그리스도와 한 몸이 되며, 그리스도의 정의가 아담의 타락으로 말미암아 상실된 그의 정의를 회복시켜 주기 때문이다. 그러나 인간은 일생을 살면서 결코 완전한 도덕적 인격을 갖출 수는 없다. 왜냐면 인간의 본래적 악의 본성이 완전히 떠나 버리지 않기 때문이다.

프로테스탄트주의에 대한 분석 과정에 있어 루터와 함께 가장 중요한 신학자로서 칼뱅을 들 수 있다. 루터의 교리가 독일에 절대적 영향을 끼친 것에 반해 칼뱅의 경우 루터 이상으로 많은 유럽의 앵글로색슨족 계열의 국가들에 영향을 주었다. 칼뱅 신학의 핵심 관점 역시 자율적이고 독립된 자아의 부정과 인간적 긍지의 파괴라고 프롬은 설명한다.

칼뱅 역시 초기 자본주의 시기에 중산층이나 소상공인들에게 지대한 영향을 미쳤다. 칼뱅의 신학 사상 또한 본질적으로 루터와 동일한 문제의식으로부터 출발하여 중세 교회의 권위와 교의를 맹목적으로 받아들이는 데 반대하였다. 칼뱅도 종교에 대한 기본 시각은 인간의 무력감과 고통에서 기인한다고 전제하고 자아의 부정과 인간적 자부심의 파괴가 진실된 신앙의 출발점이라고 보았다. 즉 이와 같은 관점이 칼뱅 신학의 '중심이 되는 사상'이라고 프롬은 강조한다.

칼뱅은 인간은 마땅히 자신을 부정해야 하며 이 부정이야말로 신의 권능에 의존하는 하나의 방편이라고 가르치고 있다. 그는 또한 개인이 스스로 주인의식, 즉 주체성을 가지는 것에 대하여 동의하지 않았으며, 그 이유는 신이 주인이기 때문이었다. 칼뱅은 당시에 심한 고독감과 신분적 위협감에 시달리던 중산계급의 사람들을 대상으로 가르침을 주었으며, 실제로 칼뱅의 교의와 교육 내용은 개인의 하찮음과 무력감 또는 개인적인 노력의 공허함을 가르쳤다. 이러한 맥락에서 프롬은 칼뱅이 루터보다도 더욱 독재자에 가까웠다고 혹평한다.

프롬은 칼뱅이 인간을 근본적으로 평등하지 않으며, 구원받을 자와 저주받을 자가 이미 예정되어 있다고 예단한 부분에 주목한다. 프롬은 칼뱅주의가 나치의 이데올로기 안에서 아리아인들과 그 외의 하등한 민족들로 인종적으로 구분 지으며 영적 부활을 외치던 것에서 동일하게 그 극단적 모순을 발견하고 있다.

칼뱅과 루터의 교의는 미묘한 차이가 있다. 그중 '예정설'이 대표적인 경우이다. 칼뱅의 예정설에 의하면 신이 어떠한 사람들에게는 은총을 예정하지만, 다른 사람에게는 영원한 천벌을 내리도록 결정되어 있다고 보았다는 것이다. 프롬은 칼뱅의 '예정설'에 대하여, 그들은 심리학적 측면에서 볼 때 개인의 무력감과 무의미성을 강조하고 있는데, 인간의 의지와 노력에는 아무런 가치가 없다는 것을 예정설만큼 강렬하게 표현한 교의는 존재하지 않는다고 보았다. 칼뱅의 예정설에는 근본적으로 불평등과 차별의 원리가 내포되어 있다는 것이다.

"예정설은 심리적 측면에서 볼 때 이중적 의미를 갖는다. 개인적 무력감과 무의미성에 대한 표현과 다르지 않다. 어떤 이론도 예정설만큼 인간적 의지와 노력의 무가치성을 강조하지 못했다. 개인의 운명과 그 결정은 완전히 자신의 외부에 그 권한이 있다고 생각한다. 예정설의 또 다른 특징은 루터와 마찬가지가 되겠지만, 비합리성 의심을 가라앉히는 기능이었다. 그러나 실상은 칼뱅 이론은 더욱 큰 적개심을 불러일으키고 있음이 자명한 사실이다."

칼뱅의 시각이 루터의 교의와 다른 또 다른 점은 도덕적 노력과 고결한 삶의 중요성을 한층 더 강조하고 있다는 점이다. 개인은 그 자신의 어떠한 행위로도 운명을 변경시킬 수 없으나, 능히 노력할 수 있다는 바로 그 사실이 구원을 받은 사람에 속하는 증거라고 하였다. 노력과 작업을 목적 그 자체로 보는 이와 같은 칼뱅식의 새로운 관점은 중세 말기 이래로 인간에게 발생한 가장 중요한 심리적 변화라고 할 수 있다는 것이다.

종교개혁 시대 중산계급의 불안과 무력감, 적개심이 그 상징적인 대표적 현상이다. 이는 그들이 자본주의적 사회를 경험하면서 부유층을 상대로 촉발되는 적개심이자 질투에서 비롯되었을 것이다. 이에 대하여 루터나 칼뱅의 교의는 중산층과 도시 하층민들, 농민들에게 극단적 자기 부인과 겸손의 미덕을 강조한다. 이를 종교적 당위로 포장하고 사회적 미덕으로 가르쳐 왔다. 프롬은 그들이 이에 순응할지라도 이런 현상의 배후에는 자기 자신에 대한, 그리고 인간에 대한 증오심이 놓여 있다고 보았다.

종교개혁 시기에 대두된 새로운 종교 원리는 중산계급의 구성원이 느끼고 있던 것을 표현했을 뿐만 아니라 그런 심리적 기조를 합리화하고 체계화시키는 일을 확대하고 강화하게 된다. 이때 개인의 불안을 극복하는 방법을 가르쳐 주기도 한다. 자본주의적 사회, 경제 구조로부터 얻게 된 자기 자신의 무력감과 본성의 사악함을 철저하게 시인함으로써 삶 자체를 속죄하는 과정으로 삼아 극도의 자기 비하적 성향을 보여 준다. 종교개혁 사상과 그 주동자들은 노동자들을 자신의 독립성과 자율적 지위를 독재적 대상, 달리 말해 신으로 포장된 권력자나 자본가들에게 양도함으로써 권력에게 굴종하도록 한다. 아울러 오직 일하고 절약하도록 강요함으로써 이들이 새로운 자본주의적 질서에 걸맞은 성격 구조를 보유하도록 종용했다.

개인이 이와 같은 부정적 현실 상황을 회의감과 불안, 소외감 등으로 느낄 수 있기에 끊임없이 국가 및 사회적 차원의 직업 교육, 교회 차원의 경건 훈련 및 신앙 훈련이 중시되고 진행되어 왔다. 완전한 복종을 통하여 신의 사랑을 받을 수 있으며, 신이 선택한 사람 중에서만이 그의 영광을 누릴 수 있다고 가르친다. 프로테스탄트주의는 위협당하고 추방되어 고립된 인간으로서 새로운 세계에 대하여 스스로 방향을 정하고, 자유롭고 독립적이며 안정적 관계를 맺으려 하였던 근대인들의 요구에 대한 응답이었다. 그렇지만 자본주의 사회에서 인간은 인류가 보편적 가치로 추구해 왔던 인간다움과 행복의 준거 대신에 자본과 시장이라 불리는 초인적 권능에 지배되었고, 사회와 세계적 질서의 중심으로서가 아닌 일종의 새로운 자본 권력의 하수인이자 도구가 되었다. 이들의 어떤 자율적 권한과 능력 책임의 의무조차 박탈된 것이다.

프로테스탄트주의와 자본주의 모두 초인적 권력 주체로 등장한 자본의 원리에 따라 개인의 노동이 강조되며 절약과 검약 생활은 도덕이 되었다. 자본주의적 논리와 세력 확장의 도구이자 전지전능한 신의 계시를 따라야 하는 인간은 새로운 자본 권력의 지침에 따라 동일한 방식으로 반응했다. 금욕주의와 노동에 대한 의무감과 같이 길들여지고 강요된 규범이 현대 사회의 권위주의적 문화의 뿌리가 되었다.

프롬은 루터에서 칼뱅 그리고 히틀러까지 계승되어 온 권위주의적 가치와 독점자본주의가 그 중심에 있다고 보았다. 다만 『자유로부터의 도피』에서는 독점자본가들에 의해 소유되고 강요되는 거대 비인격적 조직과 활동이 구체적으로 어떻게 나타나고 전개되었는지 구체적으로 나열하지는 않고 있다. 이러한 양태에 대해서는 『건전한 사회The Sane Society』(1955),『사랑의 기술The Art of Loving』(1956),『소유냐 존재냐To Have or To Be』(1976)에서 구체화시키고 있다.

5장
근대인을 위한 자유의 양면성

    근대 사회는 자본주의적 산업 체제가 중심이 되어 재편되고 발전해 왔다. 프롬에 의하면 근대적 산업 체계는 개인의 욕구를 자극하고 발전시켰지만, 개인은 새로운 형태의 의존 상태로 머물러 있게 되었다. 자유가 증대된 만큼 개인은 무기력해졌고, 독립적이며 자율적으로 살 수 있게 된 만큼 더욱 고립되고 외로운 삶을 살게 되었다.

    중세를 지나 근대 사회를 경험하게 된 근대인들은 처음에는 스스로 생각하고 스스로 판단하며 스스로 행위할 능력을 갖춘 독창적 지성을 보유하지 못했다. 기술이 발달하고 새로운 경제적 환경과 문화 여건이 주어지게 되었으며, 전통적으로 계승되어 왔던 계급질서와 신분, 도덕적 규범들은 혁명적 변화의 시기를 맞게 되었다. 프로테스탄트주의가 인간의 영혼과 규범적 가치로부터 자유롭게 해 준 것과 같이 자본주의는 정신적, 문화적 또는 정치 영역으로 변화를 주도하여 갔다. 개인의 삶과 가치관을 염두에 두고 볼 때 그와 같은 변화의 중심 이념에는 '자유'가 있었고, 행위에 '책임'이 강조되었다.

개인은 어떠한 목표를 설정하여 스스로 노력할 수 있었으며, 목표에 도달하기 위한 기회가 주어지기도 하였다. 근대인은 이제 자기 스스로가 그 무엇에도 의존하지 않고 책임 있는 결정을 내릴 수 있으며 마음에 위안을 주는 미신도, 두려움을 주었던 선입견도 떨쳐 버릴 수 있게 되었다. 인간은 점차 자연의 속박으로부터 벗어나 자유롭게 되었고 전에는 상상할 수도 없었던 수준의 자연 지배를 이루어 내었다.

자연의 극복과 인위적 통제는 인류의 오랜 숙원이었다. 그리고 이 시기가 인간이 자연과의 대립의 역사에서 확연한 승기를 잡은 일대 전기를 마련한 시점이 되었다는 점은 분명한 사실이다. 사람들은 이전에 비해 평등해졌으며 계급과 종교를 통해 전승돼 왔던 차별성이 사라지거나 축소되었다. 서로를 동등한 인격적 대상으로 인식하게 되었고 세계는 인간을 미몽에 빠뜨렸던 신화와 무지의 권력으로부터 깨어나기에 이르렀다.

인간은 자기 자신을 객관적으로 볼 수 있게 되었으며, 전통적으로 권력과 권한의 주체로 인정받지 못했던 소외된 사회계층과 여성, 주변인들이 현실을 자각하고 점점 적극적으로 자기 자신의 소리를 내게 되었고, 결국 그들의 정치적 권한도 증대되었다. 영국과 프랑스에서 전개된 혁명 그리고 미국의 독립전쟁은 이와 같은 근대적 정치 혁명의 결과물이었다. 근대적 민주주의의 결정판은 개인의 자유와 권한으로부터 나온다. 근대인들 각자는 자신의 가치에 따라 행위할 권리와 자격을 획득하게 되었으며, 동시에 그들 각자가 속한 국가와 사회의 공공복리를 위해 행위할 책임을 위임받는다고 생각하였다.

자본주의의 발달이 한편으로 인간을 전통적 속박으로부터 해방시켜 주었다는 점은 주지의 사실이다. 자본주의는 적극적인 자유를 증대시키고, 능동적이고 비판적인 자아가 책임성을 갖고 주체적으로 살아가는 데 막대한 공헌을 했다. 다른 한편으로 개인에게 부과된 고립감과 사적 무력감 그리고 패배의식은 그로 인해 파생된 부정적인 측면이라고 말할 수 있을 것이다. 봉건제도와 달리 자본주의 경제에서 개인은 자유로워졌다. 그가 무슨 일을 하건, 그 일을 어떻게 하던지 그리고 성공이나 실패까지도 모든 일은 온전히 그 자신에게 맡겨진 것이다. 프롬에 의하면 자본주의는 개인의 능력과 권한을 성취한 이념이기도 하지만, 동시에 프로테스탄트주의와 연결되면서 자기부정과 금욕주의적 성격도 담기게 되었다.

자본주의에서는 경제적 활동과 성공, 물질적 획득 그 자체가 목적이 되고 자본의 축적이 모든 가치에 선행한다고 보기 때문에, 프로테스탄트주의 신학자들은 인간을 일종의 경제적 기계 또는 자본의 하인으로 취급하고 그와 같은 관점에서 인간에 대해 악한 존재로 단정 짓는다.

"루터의 신학 사상의 핵심은 인간의 사악함과 인간 의지와 노력의 무의미성을 강조하는 데 있었다. 칼뱅도 크게 다르지 않았다. 그 또한 인간의 사악함을 강조하고, 인간은 철저히 그 자존심을 부정해야 하며, 그리고 인간이 살아가는 목적은 오로지 신의 영광이며 결코 자신의 영광이 아니라는 것이 그의 신학의 중심 사상이었다. 이러한 시각을 토대로 루터와 칼뱅은 근대 사회의 인간의 지위와 역할을 규정하고 거기에 상응하는 심리적 대비를 요청한다. 즉, 인간으로 하여금 자신의 자아는 무의미하다고 느끼고, 자신의 목적이 아닌 신의 목적을 위해서만 기꺼이 삶을 종속시키라고 종용한다."

프롬은 루터에 대해 비판적이었다. 르네상스와 종교개혁 시대에 대두된 자유의 가치는 인간의 가치를 고양시키기 위해 주어진 소중한 기회라고 여겼다. 그는 인간의 자존감과 자기애를 절대적 가치로 인정하였다. 인간은 스스로를 사랑해야 한다. 각자의 존재에 대하여 자신이 서 있고, 생각하고, 느끼고, 소망하는 모든 것을 사랑하지 못한다면 건강한 삶이 아니다. 스스로 행복하지 못할 때 행복감을 타자에게 줄 수 없다. 스스로 자유함을 느끼고 누리지 못할 때 타자에게 자유를 허락할 수 없다.

"스스로 사랑하지 않으며, 스스로 받아들이지 않는 사람은 자신의 존재에 끊임없이 불안을 느끼게 된다. 순수한 애정과 지지의 기반에 의해서만 존재할 수 있는 내재적 안정감이 그에게는 없다. 그는 끊임없이 자신을 염려하며, 모든 것에 탐욕스러워진다. 왜냐하면, 근본적으로 그에게는 자아의 안정이나 만족감이 결핍되어 있기 때문이다."

종교개혁의 시대에 인간은 자신의 하찮음과 무능함을 강조하고, 신이 그 존재의 목적과 의미를 채워 줘야만 한다는 사상이 현실 세계에 구체적으로 적용된다. 오히려 신의 자리가 국가나, 경제 체제의 권력 주체로 대체되어 버림으로 인하여 개인은 인간이 만든 기계와 제도적 환경의 노예이자 이기심으로 가득한 존재로 전락하는 결과를 초래하게 된다.

프롬은 칼뱅이나 루터의 입장과 달리 자아는 어떠한 대의에도 종속되지 말아야 하며, 인간을 종속적 존재로 이해할 때 그 본질을 볼 수 없다고 생각하였다. 인간은 어떠한 권력이나 자본의 논리로 규정해도 무방한 존재가 아니기 때문이다. 종속됨은 자아의 속성을 포기하고 약화시키는 결과를 가져온다. 그것은 결국 탐욕과 나르시시즘, 이기주의로 귀결될 수 있다. 이기심은 인간의 진정한 자유를 상실케 하며, 자존감과 인간애와도 배치되는 특성이 있다. 즉, 이기심은 곧 자기 소모이며 나르시

시즘의 본래적 의미이다. 프롬에 의하면 이기심 및 이기주의는
자기애와는 전혀 다르다.

"이기주의와 자기애는 유사해 보이지만 정반대의 것이다. 이기
주의는 탐욕의 일종이다. 모든 탐욕과 마찬가지로 그것은 충족
될 수 없기 때문에 만족할 수 없는 욕구를 끊임없이 추구하기에,
그 탐욕으로 인해 힘없이 깊은 수렁으로 빠지게 한다. 이기적인
인간은 불안하다. 자기 일에만 집중하지만, 만족을 모른다. … 이
기주의는 자기애의 결여에서 나온다. 자신을 좋아하지 않거나
스스로 인정하지 않는 인간은 언제나 자기 자신에 대한 불만을
품고 살게 되며, 안정감과 만족감이 결여되어 있기에, 그는 자기
자신을 염려하고 자기를 위해 모든 것을 획득하려고 탐욕스러운
눈초리를 번득이며 살아간다."

근대 사회에서 발견할 수 있었던 이기주의는 참된 자아의 좌
절에 근거한 탐욕이며, 즉 사회적 자아가 파괴된 결과 드러나
는 심리 현상이다. 근대에 자아는 중시되고 강화된 모습으로
비치지만 실제로 개인의 자아는 약화되어 총체적 시야를 확보

한 성숙된 자아, 지성과 자발적 의지력은 축소되어 나타난다.

근대인들은 이기심과 자기중심주의를 통해 움직이고 활동한다. 그들의 행위 의지를 결정하는 끌림은 사랑에 이끌리는 형태와 유사한데, 사실 자본주의 사회의 대중이 끌리는 경향은 사랑과 정반대의 원인을 갖는다. 프롬은 사도마조히즘적 집착이 그것이라고 말한다. 이기심이나 자기중심주의적 행태엔 늘 목적으로 삼는 대상이 존재하며, 그 대상에 집착하는 형태로 나타난다.

자본주의 사회에서 개인이 느끼게 되는 고립감과 무력감은 산업사회의 독특한 기능 및 구성원들의 가치 체계와 무관하지 않다. 산업사회에 편승한 근대인들은 고용인과 고용주의 관계를 형성하게 되는데 자본가는 인간에 대하여 마치 기계를 설치하듯, 인격을 갖춘 생명체가 아닌 물건이나 도구와 같이 취급하는 경향이 있다. 이때 고용주와 고용인 모두가 경제 이익을 위해 상대를 이용한다. 이들 양자는 모두 목적이 아닌 수단이며 서로 상대편의 도구가 된다. 이들 양쪽 모두의 존재 이유는 유용성이며, 인간적인 어떠한 가치나 의미에도 관심조차 기울이지 않는다. 고객 또한 이용 도구일 뿐이다. 상대의 요구를 수용하거나 돕는 대상이 아닌 낯선 수단으로서의 대상일 뿐이다.

근대 사회의 제조업자는 생산물에 관심조차 없다. 본능적으로 본인이 투자한 자본의 회수라든지 자본 이익의 극대화에만 신경이 곤두세워져 있다. 이와 같은 소외된 환경에서 인간은 단순히 상품을 팔 뿐 아니라 자신을 팔며, 또한 스스로 상품처럼 느끼고 산다. 육체노동자는 육체의 힘을 팔고, 상인이나 서비스업 종사자들은 그들의 인격을 판다. 이와 같은 사회에 살면 살수록, 자본주의적 산업사회가 지속되면 지속될수록 개인은 점점 더 고독해지고, 고립되어 자기 밖에 있는 압도적인 강력한 힘에 의해 통제되고 조종되도록 되어 있다.

한 줌의 자존감으로 살아가는 개인의 자아를 지탱해 주는 마지막 보루는 표피적 "명성"이나 "자본", "권력"뿐이다. 이와 같은 외적 정체성과 동일화하는 경향이 그 뿌리에 있어서는 외로움과 고독감, 두려움인 것이다. 상실된 자아를 보존하고 위로하는 것, 불안정함에서 벗어나는 방법은 경쟁에서 승리하는 것이며, 그로 인해 다른 사람들로부터 동경의 대상이 되는 것으로 생각한다. 그것이 명성과 권력을 확보하는 일이기도 하다.

프롬은 이와 같은 현상을 일종의 "은폐"이고 "자기기만"이지 본질적으로 불안감이나 불안정성이 극복된 것으로 보지 않았다. 오히려 자유로부터의 피신이고 도피하는 현상인데, 이것이 왜곡되어 비치는 것일 뿐이라고 주장한다.

실제로 근대 사회의 도래와 함께 자아의 강화, 개체성과 독립성, 그리고 합리성을 발전시키는 방향으로 사회가 진화했으나 개인의 심리는 고립감과 무력감이 증대되었다. 한편으로는 전통적으로 계승되어 내려오는 억압으로부터 자유가 강화되는 모습을 보여 주었지만, 다른 한편으로는 개인에게 요구되는 경제적 성취도가 결코 높지 않다는 점이다. 이로써 개인은 자본주의적 산업 체제 속에 끼여 성과에 대한 제도적 위협이 가중되었다.

이와 같은 구조 안에서 개인의 창의적 용기, 지적 활동의 자율성은 제한, 억압된다. 그리고 현대 사회의 모순된 현실은 기업인과 노동자, 대기업과 중소기업, 또는 소규모 상인과 대기업의 기업가들 사이에 동일한 관점을 갖지 못하도록 만든다. 서로 다양한 관점이나 이익 추구의 목표를 위해 갈등을 야기하며, 개인의 도구적 행태를 통해 사회는 더욱 위험하고 비도덕적 모습으로 드러나게 되었다.

"근대인들은 때로는 작은, 때로는 더 커다란, 자신에게 어떠한 흐름에 순응할 것을 강요하는 거대한 기계의 톱니 하나로 전락해 버렸다. 이 기계는 인간 자신이 통제할 수 없으며, 인간은 자기 자신을 하찮은 존재로 생각하게 되었다."

거대한 자본주의적 독점 구조와 대비되는 무기력하고 소외된 개인을 대비시킨 프롬의 시각은 베버를 통해 설명되고 있다. 근대 이전의 전통적 장인이나 수공업자들의 작업이 자아의 확장이자 구현으로 이해될 수 있는 것에 반하여, 근대 이후 자본주의 사회에서 노동자들은 이익에만 관심이 있는 근시안적 대상이 되었다. 거대한 산업과 제도적 환경에 종속된 도구이고 일종의 부품으로 취급된다.

노동자는 자기가 하는 작업의 목적이나 결과로부터 소외되고 거대한 제품의 생산 라인에서 하나의 과제에 한정된 일을 한다. 자신이 하는 작업의 결과물로부터 한정된 과제를 부여받되 책임을 충족시키지 못할 시에 무자비한 대가를 치르게 된다. 일터에서 살아나기 위해서 노동자는 내 일의 의미와 목적에 관심을 갖기보다는 생산 라인의 내 과제의 수행에 집중해야만 한다. 영혼이 사라진, 도구화된 노동자로 전락한 개인은 순응만을 강조하는 독점자본주의와 그 조직 문화 안에서 사소하고 하찮은 존재가 된다.

6장
도피의 메커니즘

    사회는 개인의 집합체이다. 프롬은 사회적 병리 현상이나 구조적 문제들을 이해하기 위해서는 우선적으로 개인의 심리 분석과 이해가 긴요하다고 보았다. 개인의 심리 메커니즘의 분석은 사회적 원리를 진단하고 이해할 수 있는 방책이라 생각했기 때문이다. 특히 현대인의 정신병리학적 문제들을 이해하는 데 있어서 도드라진 특징으로 '도피의 메커니즘'을 지목하며, 개인의 심리적 불안정성과 자유로부터 도피하려는 성향의 분석을 통해 그 원인을 규명하고자 시도하였다. 프롬은 '권위주의'와 '파괴성' 그리고 '순응주의적' 경향을 대표적인 퇴행 심리로 규정하고 있다.

1. 권위주의

프롬이 사회 분석의 수단으로 정신분석학을 사용한 점에는 인간에 대한 그의 독특한 관점이 깔려 있다. 그에 의하면 인간은 이성 또는 자의식을 보유한 순간부터 우주의 예외자이자 하나의 이방인이 되었다. 인간은 한편으로 자연의 일부분으로서 물리적 법칙에 종속된다. 인간은 이를 변화시킬 능력을 보유하고 있지는 않으나 자연을 능가할 권능을 보유하고 있다. 인간은 자연의 일부분이면서도 독립되어 있다. 그리고 인간은 자연으로부터 정해진 거처할 곳이 없지만 모든 피조물과 공유할 주거 장소를 정할 수 있고, 그와 같이 스스로 정한 곳에 매여 존재한다. 그 과정에서 인간은 종말, 한계, 무력감 등을 실감하게 된다.

이와 같은 실존적 처지를 감지하면서 인간은 현재의 불안과 고독 또는 위기를 체험한다. 프롬이 '일차적 관계'라고 규정한 상태이다. 이러한 부정적 현실의 고통스러움에서 벗어나 안락한 새로운 처소를 구하고자 부단히 노력하는 것은 인간이라는 한 생명체로서 촉발되는 기본 충동이다.

프롬은 이때 인간이 두 가지 양태로 반응한다고 보았다. 하나는 생산적 방식, 즉 '진보적 태도'이며, 다른 하나는 비생산적이고 '퇴행적 방식'이다. 프롬은 전자를 인도주의적 성격으로, 후자를 권위주의적 특성으로 분류하기도 한다. 프롬은 인간의 '소외감'의 근원이 되는 것이 바로 비생산적이고 권위주의적인 태도라고 규정한다. 이는 태아가 어머니의 자궁 속에서 자기 어머니의 보호를 받았던 그 순간으로 되돌아가려는 퇴행적 충동이기도 하다. 개인은 이러한 퇴행적 태도를 통해서 자신의 독립성을 포기했으나 안락함을 느낀다.

본래적으로 인간은 태어나서 성장과 함께 그에게 주어졌던 최초의 안락함이 점차로 소멸되어 가는 경험을 한다. 어머니의 자궁 속에서 보유했던 안락함은 고독으로 바뀌고 그 고독을 극복하기 위하여 개인은 "자유"를 활용해 살아간다. 그에겐 새로운 환경에서 독립적 존재로서 창조적으로 반응하며 살아야 한다는 과제가 주어지는 것이다.

평범한 인간이 세계와 만나면서 체험하게 되는 외로움과 고독감으로부터 탈피하는 것은 우리 모두에게 있어서 그리고 철학이나 종교에 있어서 특히 최우선 과제였다. 그런데 인간에게는 독립심을 갖고 당당히 살아가려는 생산적 경향과 마치 어머니의 자궁 속에서와 같이 보호와 의존 속에서 퇴행하려는 성향이 있다는 것이다. 이를 프롬은 "실존적 이분성"이라 불렀다. 권위주의적 성향은 퇴행적 성향과 연계되어 있다.

권위주의적 가치관을 보유한 이가 판단할 때 기준이 되는 것은 사유하는 자신의 밖에 위치한 초월적 힘과 권능이다. 그 초월적 권능은 절대자의 도덕적 속성 때문이 아니라 그것이 자신을 지배한다고 믿기 때문에, 그러한 생각과 믿음에서 유래하는 두려움과 공포로부터 오는 복종의 관념이다. 아버지나 절대자 또는 왕과 같은 절대적 공포의 대상이 의식적이건 무의식적이건 사태 판단의 입법자로 받아들여지면, 사람에게 최초에 낯선 대상이었던 그 외적 요청이나 제재들이 복종을 통해 내면화 과정으로 발전하게 된다는 것이다.

권위주의적 가치들은 대부분 외부적 요인들과 긴밀히 연결되어 있으며 '명령'과 '금기'로 구성된다. 이때 개인의 심리 상태는 권위에 대한 찬양과 두려움이 공존한다. 권위주의자들에게 있어서 죄란 권위의 우월한 힘과 지배를 인정하지 않고 반항하는 일이며, 권위가 원하는 대로 순응하고 복종하는 일이 지혜 있는 자의 처신이다. 권위는 권력을 갖고 있으며 복종하는 자와는 비교할 수 없는 매력과 지혜를 보유한다고 전제되며 권위에 복종한다는 의미는 권력에 순응한다는 말과 동일한 의미로 사용된다.

현대 기술 산업사회에 이르러서도 인도주의적 삶과 대비되는 권위주의적 세계관의 모습은 여전히 유사한 구도 아래 드러나고 있다. 단 "권위" 개념에 대하여 프롬은 두 가지 상이한 의미로 설명한다. 현대 사회에서 인간이 부자유하고 소외된 삶을 살게 되는 핵심 원인을 프롬은 "권위"라고 보고, 권위에는 "생산적 권위"와 "비생산적 권위"가 있다고 말한다. 생산적 권위란 인간의 인간학적 본성에 적합한 자유의 권능을 인정하고 자발적이고 독립적인 자아를 인정하는 권위이고, 이는 합리적 성격을 갖는다. 비생산적 권위란 인간의 본성에 대한 역행과 부합하며 인간의 자유와 자율성을 부정하고 마치 자궁으로 돌아가 안락함을 추구하는 병리적 현상이자 "퇴행"이라고 보았다.

권위주의적 인간이 취하는 심리적 메커니즘은 복종과 지배를 둘러싼 욕구와 심리적 활동을 들 수 있는데, "마조히즘"과 "사디즘"이 그 대표적인 현상이다. 마조히즘은 열등감, 무력감,

개인적 비하의식과 같은 감정이다. 이런 의식에 사로잡혀 있는 사람들은 현재 느끼는 부정적 감정으로부터 벗어나고자 하지만 본인의 마음 깊은 곳에서 우러나오는 어떤 낯선 힘이 그들을 보잘것없고 무의미한 존재로 느끼게 한다.

대체로 이런 사람들은 다른 사람이나 제도 또는 자연과 같은 대상, 즉 자기 자신 이외의 외부적 권력이나 힘에 의존하고자 한다. 그들은 자기 자신을 긍정적으로 보지 않으며 본인이 진실로 원하는 것이 무엇인지 알지도 못하고 깨우치고자 노력하지도 않는다. 오히려 외부적 영향력에 의존하면서 살아가는 것이 그런 유형의 사람들의 실제 삶의 모습이다. 이러한 이들의 일상에 대하여 프롬은 프로이트 심리학 이론을 빌려 "마조히즘적 도착masochistic perversion"이라 불렀다.

"고독과 나약함이 인간이 추구하는 목표가 될 수 있다고 믿는 현상이 있는데, 이것이 마조히즘적 도착이다. 사람들이 의식적으로 어떤 방법으로든 고통을 당함으로써 즐거움을 획득할 수 있다고 본다. 마조히즘적 도착을 통하여, 다른 사람들이 그들에게 가한 고통을 경험할 때 성적인 흥분을 느끼는 사람이 있다. … 이들이 구하는 것은 고통 자체보다도 이러한 절차를 거치며 획득되는 흥분과 쾌감이다."

마조히즘과 대별되는 또 다른 유형의 권위주의적 충동 형식은 사디즘적 경향이다. 사디즘적 인간은 그의 지배를 받는 사람을 필요로 한다. 왜냐하면, 그 자신이 지향하는 감정은 그가 어떤 사람에게 주인의 위치, 지배자의 지위를 누리고 있다는 사실에 집착하는 현상이 있기 때문이다. 프롬은 사디즘적 경향을 세 가지 유형으로 분류하여 설명한다.

사디즘적 경향의 첫 번째 유형은 다른 사람들을 자기 자신에게 의존하게 하여 그들에 대하여 절대적이며 무한한 힘을 가지고 그들을 오직 도구로, 마치 도공의 손아귀 안에 있는 진흙과 같이 만들려는 것이다. 두 번째 유형은 다른 사람들을 절대적으로 지배하고자 할 뿐만 아니라, 그들을 착취하고 이용하며, 그들이 보유하고 있는 소유물을 훔치고 마치 그들의 내장이라도 꺼내어 먹어 치우는 맹수와 같이 공격적인 충동을 느끼는 것이다.

마지막 사디즘적 경향은 다른 사람들을 고통스럽게 만들거

나 또는 그들이 괴로워하는 것을 보는 것 자체를 즐기는 욕구
이다. 이 경우 고통은 육체적인 것뿐만 아니라 정신적 고통에
대한 것도 해당된다. 궁극적으로 그 목적은 다른 사람을 해치
고 부끄러움을 주며 당혹스럽거나 힘든 처지에 몰리는 것을 목
도하는 것 그 자체이다. 이 세 가지 유형의 인간들의 공통된 특
징, 즉 사디즘적 충동의 본질은 다른 사람을 완전히 지배하고
다른 사람을 자기 의지 아래 처하는 무력한 대상으로 만들며
그들 위에 군림하는 절대적 지배자가 되는 것이다.

사디스트는 마치 피압박자들의 신과 같이 되며 다른 사람을
자기 마음대로 다루려는 충동을 가진다. 타인을 부끄럽게 만들
거나 노예화하는 것은 목적을 달성하기 위한 수단이다. 그들의
목적은 누군가에게 고통을 주는 것이다. 상대를 지배하기 위해
고통을 주며, 그가 스스로 방어할 수 없는 상황에 처하게 될 때
자신의 힘을 확인할 수 있기 때문이다. 다른 사람이나 또는 어
떠한 생물체를 완전히 지배함으로써 느끼는 쾌락이 바로 사디
즘적 충동의 본질이다.

사디즘적 인간들에게 사랑은 지배 가능성과 비례한다. 사디
스트는 지배할 수 있다고 느끼는 대상에게만 사랑을 느낀다.

그는 자기가 대상을 너무나 사랑하기 때문에 그들의 삶을 지배하기를 원한다고 생각한다. 그리고 사실상 대상을 지배하기 때문에 사랑한다. 프롬에 의하면 사디즘적 충동의 본질은 다른 사람에게 고통을 주는 것 자체가 목적이라기보다는 다른 사람을 완전히 지배하고 자기 의지에 대항하는 타인을 무력한 대상으로 만들어 절대적 지배자의 위치에 군림하는 것을 즐기는 행동이다. 타인의 신이 되며 자기 멋대로 다룰 수 있는 위치에서 지배함으로써 느끼는 쾌락이 사디즘적 충동의 본질이다.

프롬은 "마조히즘적인 노력과 사디즘적인 노력은 양쪽 모두 견디기 어려운 고독감과 무기력감으로부터 개인을 도피시키려는 경향이 있다"고 보았다. 더 나아가 권위주의적 충동에는 사디즘과 마조히즘 외에도 "사도마조히즘sadomasohism"이 있다고 보았다.

'사도마조히즘'은 사디즘과 마조히즘의 융합된 성격을 갖는다. 그에 의하면 사디즘과 마조히즘은 정반대의 모습으로 보이지만 그 속성에 있어서 유사성을 갖는다. 이 두 경향은 자기 자신의 고립과 약함에 대하여, 결함의 존재를 인정하지 못하면서도 동시에 외부적 권위에 자신에게 부여된 자발적 능력과 권한을 의탁해 버리는 성향을 가진다. 권력 지향적 환경에서 이와 같은 경향의 인간이나 특성들을 발견하는 것은 어렵지 않다.

"권력이라는 말은 양면성을 갖고 있다. 첫 번째로 권력은 다른 사람을 지배하는 힘을 보유하는 것으로서 타인을 지배하는 능력이다. 두 번째 의미로 권력이라 함은 어떤 것을 할 수 있는 능력을 갖고 그 힘을 보유하는 가능성이다."

사디즘은 권력에 대한 갈망과 연계되어 있다. 물론 사디즘과 권력욕을 동일시할 수는 없지만 다른 사람을 해치고 괴롭히는 것이 사디스트의 일반적인 욕구 표현 수단임은 틀림없다. 권위주의적 인간 또는 권력 지향적 인간에게 나타나는 또 다른 성향이 마조히즘적 특징이다. 모든 권위주의적 사고방식의 공통된 특징은 삶이란 인간의 자아 또는 자신의 관심이나 욕구의 외부에 존재하는 낯선 힘이 가치와 세계관의 기준이 되고 결정권을 가진다는 믿음이고 확신이다.

2. 파괴성

　무능한 리더가 종종 선택하는 의사 표현 수단은 폭력이다. 불의한 권력자들은 법적으로 부여된 권력을 사유화하면서 자신들의 정치적 욕구를 폭력적으로 표출해 낸다. 그들은 파괴를 통해 자신의 존재감을 표출해 내며 폭력적 수단이 관철되는 현실을 바라보며 스스로 충만감을 느낀다. 그 광기가 최고조에 이르면 법과 규범보다 자신의 욕구와 의지가 더욱 중요하고 가치 있다고 생각한다. 그리고 그런 자들 수하엔 권력자 자신보다 더욱 저열한 자들이 함께 공생 관계를 형성한다. 결국엔 브레이크 없는 폭군과 그 하수인들의 최후는 파멸로 치닫게 된다. 권력자나 그 추종자들의 삶과 태도를 프롬은 권위주의적 행동 방식으로 설명하며, '파괴성'과 '폭력성'의 심리 구조가 그로부터 나온다고 보았다.

　권위주의적이고 비생산적인 행동 방식의 성격을 서술하면서 프롬은 한편으로 정신분석학적 개념을 동원하여 "사디즘적 충동"과 "마조히즘" 그리고 이 두 유형이 동시에 드러나는 "사도마조히즘적 충동"을 들어 설명하였다. 동시에 프롬은 권위주의적 행동 방식의 두 번째 특징으로서 "파괴성"을 추가한다. 이들 모든 유형의 공통점은 권위주의적이고 일종의 병리 현상으로 볼 수 있다는 점 외에도 "개인적인 무력감과 고립"을 그 배후에 두고 있다고 강조한다. 특히 사디즘과 파괴성은 얼핏 유사해 보인다. 그러나 이 두 행동 체계의 큰 차이는 그 '지향점'에 있다. 파괴성은 사도마조히즘과 달리 공생을 지향하지 않는다. 대상을 파괴하고 제거하는 것이 그 목적이다.

사디스트는 파괴성의 소유자와 달리 대상과의 협력을 원한다. 그러나 파괴성은 대상의 제거를 목적으로 한다. 사디즘은 다른 사람을 지배하여 약체화된 자기를 강화시키려고 하는 데 반하여, 파괴성은 외부 세계로부터의 위협을 모두 제거하여 자기 자신을 강화하려고 시도한다. 프로이트는 이와 같은 현상에 대하여 인간 본성의 두 가지 경향을 들어 "삶의 본능"과 "죽음의 본능"이라는 개념으로 설명한 바 있다.

인간의 생리적 욕구의 배후에 위치해 있는 '성적 충동'과 '자기 보존 충동'이 억압되고 기형적으로 발현되어 나타나는 현상이 "파괴성"이다. 개인의 심리적 기저에서 촉발되는 파괴적 경향은 삶의 충동이 감소하는 것에 비례한다. 삶은 성장하고 생명의 자연스러운 역동성을 드러내며 생존을 위해 능동적으로 작동한다. 만일 이와 같은 경향이 방해 또는 억압될 경우 삶을 향한 에너지가 훼손되어 파괴를 향한 에너지로 변형된다. 삶을 향한 충동이 방해받는 정도와 파괴성은 비례하기 때문이다.

3. 자동 순응성

건강하고 성숙된 인간형과 상반되는 개념으로서 프롬은 권위주의적이며 비생산적인 생리 구조인 "도피 메커니즘"을 다루며 "사디즘", "마조히즘", "사도마조히즘" 그리고 "파괴성"을 그 특성으로 분류하였다. 그리고 이에 마지막으로 "자동 순응적" 성향을 추가한다.

자동 순응성은 자기 자신이 됨을 거부하고 주변 환경이나 문화적으로 이입된 양식에 의해 탈색되어 버리는 유형의 인간을 말한다. 이에 다른 사람과의 차별성은 사라지고 타자가 기대하는 인격체로 살아간다. '나'라는 주체적 자아는 세계와 다르지 않기에 갈등도 없다. 고독이나 무력감, 소외의식도 사라진다. 이는 마치 카멜레온의 보호색과 흡사하며 개인의 자아가 사라지고 주위의 무수히 많은 다른 객체와 동일화해 버리는 측면에 있어서 프롬은 자동인형과 같다고 부른다. '자아의 상실'로 인격적 가치나 존엄에 있어서 결함을 스스로 용인하게 된다.

자아의 실종은 한편으로 권리의 포기로만 비치지만 동시에 책임의식의 실종을 의미하기도 한다. 모순과 갈등의 상황에서 자동 순응적 인간들은 진정성 있는 대화의 파트너가 되기를 스스로 포기하는 자들이다. 비판적 사고력의 결핍과 성실한 소통 주체가 되는 것이 불가능하기에 신뢰의 대상이 될 수도 없다. 심지어 감정이나 의사 표현 과정에서 실제 사실이 거짓된 발언이나 행위로 대체되는 것이 가능해진다. 거짓 자아가 본래적 자아를 흡수해 버리기 때문이다.

"자아의 상실과 함께 나타나는 거짓 자아의 대치는 개인을 심한 불안정 상태로 내몬다. 본질적으로 타인의 기대에 대한 반영이며, 어느 정도 자신의 완전성을 상실했기 때문에 그에게는 회의가 따라다닌다. 이와 같은 완전성의 상실에서 비롯되는 두려움을 극복하기 위해서 그는 순응을 강요당하고, 타인에 의해 줄곧 인정받고 승인됨으로써 자기의 완전성을 구하고자 한다."

권위주의와 파괴성, 순응주의적 특징에서 드러나는 퇴행적 성격 유형을 정리하면 다음과 같이 분류할 수 있다.

  첫째, 수용 지향형recepting 성격: 모든 선의 원천이 자기 외부에 있다고 보는 성향이다. 그들은 늘 먹고 마시고 현재의 주어진 상태를 즐기고 안정된 현실에 만족한다. 그러한 유형의 사람들이 사랑하는 방식은 언제나 수혜자, 수용자의 자리에서 사랑을 느끼는 것이다. 종교적 자세에서 그들은 마치 "마법의 원조자"를 구하듯 우상을 섬긴다. 기복 신앙의 태도가 프롬이 분류한 수용 지향형 인간의 신앙적 태도와 비슷할 것이다. 자신보다 우월한 권위에 종속되어 충성하고 공생하는 "피학적" 또는 "마조히즘적" 인간이 이와 같은 유형이다.

  둘째, 탈취 지향적exploiting 성격: 이들에게는 모든 선의 원천이 자기 외부에 있다고 전제한다. 그리고 그들은 획득하고자 하는 것을 무조건 강탈할 수 있다면 착취하려고 한다. "사디즘적"으로 사유하는 유형이다.

  셋째, 저장 지향형hoarding 성격: 프롬이 "소유형 인간"의 범주에 넣었던 한 유형으로서 이들은 기본적으로 저축과 절약을 통해 안정감을 느낀다. 소비는 삶의 위협이며 고통을 준다. 그리고 성격은 모가 나고 마치 자기와 외계 사이에 있는 경계선을 강조라도 하는 것같이 행위하며 잘난 체하고 자기 소유물에 대한 보존의 강박관념이 있어서 꼼꼼하다.

넷째, 애사 지향적necrophilic 성격: "죽음에 관한 사랑"에 의하여 나타나는 이 성격은 죽은 것, 부패한 것, 타락한 것, 병든 것에 대한 격정적 매혹이요, 살아 있는 것을 죽은 것으로 변모시키려는 격정이다. 또한 이들은 파괴를 위한 파괴를 즐긴다. 이는 프로이트의 "항문애적 성격"에서 유래한 것인데 그것보다도 훨씬 악성의 것으로서 "죽음의 본능"에 의해 전적으로 방향이 굳어진 극단적인 형태이다.

다섯째, 시장 지향형marketing 성격: 이 성격은 특히 산업혁명 이후 근대적 출현과 더불어 나타났다고 볼 수 있다. 여기에서는 어떤 상품의 사용가치보다 교환가치가 더욱 중시되며 상품이 교환되는 시장은 면담의 장소가 아니라 추상적, 비인격적으로 수요되는 특징을 가진 하나의 기구이다. 어떤 상품이 시장에 출하되는가는 상품의 "교환가치"에 관한 한 "심판의 날"이다.

이러한 사실은 오늘날 생산물에만 그치는 것이 아니라 이미 '상품화되어 버린 노동'이나 퍼스널리티에까지도 보편적으로 적용된다. 이 성격의 인간에게는 자기 자신 역시 상품으로서의 가치로 전락하여 타인 또는 타 상품과 경쟁하는 하나의 물품이 되어 버렸다. 상품으로서의 인간은 얼마나 시장에 잘 팔리냐에 달려 있기에, 퍼스널리티를 상대가 잘 받아들이게 하기 위해 "위장된 포장"까지 불사한다. 이때 어떠한 도덕적 자괴감이나 죄책감도 없다. 또한 이들에 있어서의 평등은 개성이 말살되어 서로 교환이 가능한 상태를 의미하며 교육이란 교환가치를 높여 주기 위한 작업에 불과하다. 결국, 이들은 자신을 하나의 물건으로서 숭배하고 자신보다 좋은 물품에 굴복한다.

프롬에 의하면 현대 자본주의 사회의 문화적 특징이 개인을 왜소하고 하찮은 존재로 만들어 버림으로써 개인은 자신의 가치와 존엄성을 상실해 버렸다. 이는 궁극적으로 자유로운 개인의 위상을 위축시키고 더 나아가 인간으로서의 가치를 파괴, 왜곡시켜 버린다. 인간은 끊임없이 뽑혀 나오는 생산물에 종사하는 생산 라인 노동자와 같이 강요된 노동 과정의 부품으로 전락한다.

개인은 행동할 수 있지만 독립된 개인이 노동에 참여한다고 하기보단 기계의 부품이자 도구가 되어 버렸다. 그 대신 개인은 자신에 대한 타자의 기대에 부응하는 형태로 새로이 거듭난다. 새로운 인격체로 보이지만 실상 가짜 자아가 참자아를 대체하는 현상이라고 프롬은 지적하고 있다. 노동자는, 또는 소비자 역시 다른 사람에 대한 인식과 외부적 권위의 수용 과정에 주어진 요구에 순응하도록 강요받는다. 참자아가 소멸하고 가공의 정체성으로 순응하는 주체는 거짓된 것이고 외부적 권위에 순응하는 억압받는 자아이다.

7장
나치즘의 심리

나치즘에 대하여 프롬은 "사회심리학적 문제"로 정의한다. 그러면서 항간의 두 가지 견해, 파시즘을 온전히 심리학적 문제로 단정한다거나, 인간의 심리 현상과 무관한 경제 및 정치적 현상으로만 분류하였던 시각들 양쪽 모두를 비판한다. 접근의 방법에 있어서 프롬은 나치즘을 "심리적 문제이기는 하나, 심리적 요인 자체는 사회경제적 요인에 의해 만들어지는 것으로 파악해야만 한다"고 전제한다.

나치즘을 심리학이나 정신병리학적 관점에 한정하여 바라보는 시각이 있는데 이는 자칫 히틀러를 미친 사람이거나 신경증적 환자로 단정하고 사건을 단순화시키는 오류를 범할 수 있다고 경계하였다. 사람의 역사는 개인의 성숙화 과정이자 자유의 확대 과정이기도 하였다. 개인이 자유를 원하고 이를 위해 노력하는 것은 지식이나 이념적인 원리로 설명할 수 없고, 자연과학적 분석 체계로 규명될 수도 없다.

나치스의 등장과 독일 및 유럽을 위시로 한 파시즘의 등장 그리고 반인륜적 사태들, 이 모든 것은 역사적 사건이고 정치경제적 문제였다. 동시에 사람과 연관되어 있는 사회적 현상이기에 사회의 구성 주체인 사람들의 심리적 흐름을 염두에 두고 종합적으로 분석해야만 한다고 강조한다.

1934년 망명 시절에 경험하게 된 미국식 자본주의에 대해 프롬은 대체로 긍정적 시선으로 바라보았다. 동시에 그 당시 서서히 정치력을 강화시켜 나갔던 국가사회주의 세력과 독일 노동자계급의 권위주의적 경향에 대하여 심히 우려하였고, 프랑크푸르트에 설립된 '사회연구소'에 들어가 이 현상에 대한 연구에 박차를 가했다. 『자유로부터의 도피』에서도 이 문제를 비중 있게 다루었는데 특히 히틀러와 독일 대중들의 심리 분석이 주관심 사항의 하나였다.

프롬의 질문은 "독일인들은 왜 나치에 동조하게 되었을까?"

하는 것이었다. 그에 따르면 당시 독일인들은 소극적인 참여자와 적극적인 동조자가 있었는데, 전자의 경우 어떠한 강력한 저항도 하지 않으면서 그렇다고 나치의 이데올로기에 동화되거나 찬미자가 되지도 않았던 이들이다. 이들은 주로 노동자계급이나 자유주의 및 가톨릭 부르주아계급들이었다. 1933년 나치가 권력을 완전히 독점하던 시기 이전까지는 적개심을 품고 있었으나 히틀러를 중심으로 한 정치권력이 완성된 이래로 나치 정권에 아무런 저항도 하지 않았다.

나치에 적극적으로 동조했던 부류의 사람들은 주로 노동자계급과 같은 독일 민중들에게서 도드라지게 나타나는데 그 배후에는 심리적 피로와 체념주의적 심리 상황이 중요한 요인이 된 것으로 분석하였다. 프롬에 의하면 특히 볼셰비키 혁명 이후 독일의 노동자계급은 깊은 패배감에 빠져들게 되었으며, 그들의 현실에 대한 체념과 지도자에 대한 불신, 모든 정치 조직과 정치적 활동에 대한 회의감 등 심각한 상황에 이르게 되었다.

불확실성과 두려움은 고립감과 공포심으로 발전하였고, 이러한 상황에서 공격성이나 적개심이 성장하는 것에 비해 도덕적 분별력과 공존의 가치는 설 자리가 없어지게 되었다. 교묘히 포장된 민족주의와 국가주의적 선전은 충성심을 유발시켰고 심리적 위축과 동시에 폐쇄성과 폭력성으로 사태가 심각해졌다. 나치의 이데올로기는 작은 상점 주인, 직공과 같은 노동자, 화이트칼라이지만 하층 중산층들을 중심으로 확대되고 저변이 확대되어 나갔다.

무능한 리더가 쉽게 선택하는 의사 표현 수단은 폭력이다. 나치스가 정치적 세를 만들고 궁극적으로 사회를 폭력적으로 지배해 가는 현상은 우리가 경험하는 현대 사회에서도 쉽게 발견할 수 있다. 불의한 권력자들은 법적으로 부여된 권력을 사유화하면서 자기들의 정치적 욕구를 폭력적으로 표출해 낸다. 이때 실질적 지배 내용이 폭력적이고 잔악한 것 이전에 심리적으로 구성원들을 질식시키고 고립, 압박시킴으로써 자발적 충성과 순응을 유도하곤 한다. 폭력적 지배자들의 통제술이라고 볼 수 있다.

그들은 파괴를 통해 자신의 존재감을 드러내며 폭력적 수단이 관철되는 현실을 바라보며 스스로 충만감을 느낀다. 그 광기가 고조에 이르면 법과 규범보다 자신의 욕구와 의지가 더욱 중요하고 가치 있다고 생각한다. 폭력은 인류의 역사와 함께해 온 가장 효과적인 지배 수단이다. 피압박자에 대한 한계를 정해 주고 그들이 순응하지 않을 때 어떤 보복이 가해질 것인지 통지하며, 반면에 그들의 의도대로 복종할 때 어떤 달콤한 대가로 보답해 줄 것인지 인지시켜 준다. 이와 같은 방식으로 압박하며 권력자의 의도를 관철시킨다.

　프롬은 히틀러 당시의 독일 국민들의 태도에서 일종의 하류 중산계급에서 나타났던 모순된 전형적 성향을 발견하였다. 한편으로 그들은 강자에 대한 불만과 적개심, 그리고 두려움에 불타올랐다. 그렇지만 그들의 다른 얼굴은 소심하였고 강자를 부러워하였으며, 그들과 동일한 폭력적인 방법의 이권이나 약자에 대한 차별적 행위를 자행하는 데 주저하지 않았다.

　히틀러가 멸시하고 제거하고자 하였던 유대인과 사회적 부랑아, 집시에 대한 그들의 의식은 극히 차별적이고 증오감 그 자체였다. 이는 권력자의 만행에 대한 불편한 감정이 사회적으로 소외된 대상들에 대한 보복으로 전이된 모순적 행위로 해석될 수 있는 부분이다. 그들은 겉으로는 금욕적이며 신실한 도덕군자이자 성자처럼 행세한다. 프롬은 그들을 다음과 같이 묘사한다.

"강자에 대한 사랑, 약자를 증오하는 비열함, 적개심, 돈에 있어서나 공감의 감정에 있어서 인색한 이들은 금욕주의자를 자처한다. 그들이 삶을 이해하는 범위는 심히 협소하여 낯선 이방인을 바라볼 때 위험하다고 생각하고 증오한다. 자기들이 아는 사람들과의 관계에서는 질투심을 도덕적 분노로 합리화하면서도 호기심과 질투가 빈번히 나타난다. 이들의 삶을 전체적으로 조망해 볼 때 심리적 측면이나 경제적 부분이나 결핍성이 그들을 지배하고 있음을 알 수 있다."

프롬은 이와 같은 파괴적이고 비도덕적 경향을 정신분석학의 용어를 빌려 사디즘과 네크로필리아Necrophilia(죽은 것에 대한 사랑)라고 명명한다. 지배하고 자신의 권위 아래 굴종시키기 위하여 대상을 수치화하고 계산의 대상으로 전락시키고자 하는 의지이다. 이는 Necrophilia의 어원이 그러하듯 '죽은 것에 대한 끌림'이자 '사체에 대한 탐닉'과 그 뿌리에 있어서 다르지 않다. 이런 경향은 근본에 있어서 반생명적이며 마치 인간을 하나의 처리 가능한 부품이나 사체로 만들고자 하는 의지와 다르지 않다. 생명이 없는 것, 기계적인 것, 소유 가능한 물건에 끌리는 심리도 동일한 원리로 설명하고 있다.

이러한 네크로필리아 정신은 공존의 질서 대신 지배의 질서를 탐하고 약자를 억압하며 강자를 숭상한다. 전쟁과 싸움, 남성성의 찬양이 그것이다. 프롬은 나치즘이야말로 현대 기술문명의 부정적 현상을 보여 주는 대표적인 사례라고 보았다. 사디즘이나 네크로필리아의 성향은 마조히즘과 짝을 이루어 나타난다. 나치즘과 제2차 세계 대전 당시 히틀러의 폭거가 네크로필리아적 요소를 보여 주었다면 그들의 만행을 목도하고도 그들에게 순응하고 굴종함으로써 공감하였던 당시의 독일 국민들에게서는 마조히즘적 요소를 발견할 수 있다. 반생명적이고 비인도주의적 집단성향이 출현했던 것이다.

에리히 프롬에 의하면 히틀러의 폭정과 현대 기술문명의 반생명성은 그 원리에 있어서 크게 다르지 않다. 그는 현대 문명을 '기술'과 '자본주의적 산업사회', '대중사회' 개념을 통해 특징짓고 있다. 특히 이것들이 인간의 심성에 어떤 영향을 미치는지 주목하였다. 이 요소들은 서로 연계되어 있는데 개인의 삶에 있어서 거의 중세 시대의 종교와 같이 강력한 사회적 환경을 제공한다고 생각하였다. 특히 산업자본주의와 기술문명은 매우 강력하여 '산업종교'의 경지에까지 이르렀다고 강조한다. 프롬에 따르면 현대의 기술 산업사회는 개인에게 경제와 기계 장치의 노예가 되기를 강요한다. 우리가 살고 있는 사회는 자유를 억압하는 부자유한 사회이다. 개인의 욕구와 권한이 기술 권력과 낯선 권위주의적 통치자에 의해 억압되어 있다. 그와 같은 의미에서 현대 사회는 병들고 부도덕한 사회이다.

프롬에게 인도주의는 인간의 이성과 지혜를 신뢰하고 도덕적 판단의 근거를 제공하는 윤리적 규범이다. 죄나 악행 여부를 판단하는 기준은 오직 인간 자신에게 있다. 이와 반대로 권위주의는 선악의 판단에 있어서 인간의 이성과 지성의 능력을 인정하지 않으며 인간의 능력 밖에서 주어지는 권위에 순응하고 복종하며, 그로 인한 두려움이나 공포가 규범적 판단의 기준이 된다.

자유로부터 도피하고자 하는 유형의 성격들 중에 '순응 심리' 자체는 상대적으로 덜 폭력적일 수 있다. 그렇지만 순응의 심리가 권위주의적 기질의 다른 메커니즘과 결합될 때 그것은 더욱 공격적이고 폭력적인 성향을 띠게 된다. 인간은 권위를 존중하면서도 그것에 복종하는 경향을 갖는데, 이때 스스로 권위의 주체가 되고자 하며 다른 사람이 자신에게 복종하게 하려는 심리가 발생한다. 이 경향이 사회적 상황에서 유래하는 독특한 형식으로 나타나는데 프롬은 이를 "사도마조히즘"이라 불렀다. 아렌트Hannah Arendt가 『예루살렘의 아이히만』에서 악의 저열함 Banalität이라는 수식어로 전 세계의 지식인들에게 고발하였듯이 괴벨스는 히틀러에게 순응하고 복종하였지만, 동시에 사회적 약자들에 대한 그의 차가운 발자취는 반생명적이고 반인륜적 학살의 실행자의 모습이었다.

나치스가 소위 통솔력으로 포장하고 민중을 억압했던 지배의 생리 역시 그 저변에 놓여 있는 것은 권위주의이자 사디즘적 병리 현상이다. 나치스의 지도자에게 요구된 자질과 지도자로서의 교육 목적은 피지배자들에 대한 통제력이다. 지도한다는 미명 아래 주인이 되려는 것이며, 한마디로 말해 지배와 압제 의지를 말한다. "우리는 지배하며, 향락을 목적으로 한다. 우리는 그들의 삶의 존재를 완전히 지배하고 있다는 감정을 갖도록 하기 위해 승마를 가르칠 것이라고 기록하고 있다." 히틀러는 사디즘적 권력 충동을 또는 독일 민중의 피학적 행태에 대하여 "합리성"의 이름으로 포장하기도 하였다.

대부분의 침략자가 그러하였고 전 세계의 독재자들에게서
볼 수 있듯이, 히틀러 역시 독일 민족이 타국을 침공하고 전쟁
을 일으킨 사실에 대하여 합리성의 이름으로 불가피성을 역설
했다. 다른 나라의 국민을 지배하는 것이 곧 그 나라 국민의 이
익과 세계 문화의 번영을 위해서라는 것이다. 이는 일본이 조
선을 침략할 때 내건 외면적 사유와 그들의 실질적 전쟁 욕구
가 큰 차이가 있었던 것과 유사한 맥락으로 이해된다.

　이에 더하여 히틀러는 전쟁광들의 권력 지향 성향이 자연스
러운 인간의 본성이라고 위장한다. 권력욕은 영원한 자연의 법
칙으로부터 나온 것으로서 권력을 위한 투쟁은 오직 이 법칙에
따르고 있는 것뿐이라는 것이다. 약육강식의 세계에서 히틀러
는 신과 섭리, 역사의 요청, 자연의 순리와 같은 초월적 가치와
힘의 명령에 순응하여 독일 민족과 세계를 구하고자 하였다고
항변한다. 히틀러의 저서 『나의 투쟁』에는 그의 권위주의적 세
계관과 폭력성이 투영되어 잘 나타나 있다.

　"대중이 요구하는 것은 강자의 승리와 약자의 소멸, 또는 무조건
　항복이다. 약한 남자를 지배하기보다는 강한 남자에게 복종하려

는 여자와 같이 대중은 탄원자보다는 지배자를 사랑하고, 자유를 부여받기보다는 어떤 적대자도 용서하지 않는 교리 쪽에 훨씬 더 만족을 느낀다. 대중은 수시로 어떻게 해야 할지 갈피를 잡지 못하고, 쉽사리 버림받았다고 느낀다. 대중은 잘못된 원인을 모르기 때문에, 자기들에 대한 정신적 폭행의 파렴치함도, 자기들의 인간적 자유에 대한 악랄한 억압도 깨닫지 못한다."

아전인수 격의 히틀러는 그 자신이 타국의 전쟁과 지배 형태에 대한 설명 과정에 있어 그 모순됨을 스스로 입증해 내고 있다. 본인이 행한 것에 대해서 합리성의 이름으로 정당화시키는 것에 반해 그에게 적대적이었거나 현실 정치의 구조 내에서 대립된 지위를 보유했던 대상들에 대해서는 날선 비난을 주저하지 않았다. 유대인이나 공산주의자 그리고 프랑스인들에 대한 비판이 통렬했던 것에 반해, 독일인과 자국에 대한 차별적 시선은 명확한 차이를 보여 줬다.

예를 들어 히틀러는 유대인이 프랑스령 아프리카 군대에 들어가 유럽 지역으로 이동하는 것을 허락한 것에 대해 비난했다고 한다. 왜냐하면, 그것은 필연적으로 사생아의 출산으로 이

어져 백색인종을 파괴할 것이며 종국적으로 유색인종 스스로
가 주인의 지위에 오르는 것을 의도한 것이라고 보았기 때문이
다. 백인과 아리아 민족의 인종적 우수성에 대한 편견과 차별,
더 나아가 이방 민족에 대한 정치적 학살은 이미 잘 알려진 사
실이다.

프롬은 히틀러와 나치즘에 경도된 인간들의 욕구 체계 또한
사도마조히즘의 전형을 보여 주고 있다고 주장하였다. 사디즘
과 마조히즘은 실상 동시에 나타나는 경향이 빈번하다. 사도마
조히즘의 전형적인 현상은 한편으로 강자에 대한 사랑과 굴종
이며, 동시에 무능하고 무기력한 대상에 대한 증오 또는 비하
의 충동이다. 약자는 강자의 통제와 폭력에 자발적 굴종의 자
리에 위치하며 그로써 쾌감을 느낀다. 분명 전쟁은 폭력을 휘
두르는 독재자 홀로 벌일 수 있는 일이 아니다. 이와 같은 폭정
의 수하에서도 기꺼이 순응하고 굴종하는 하수인들이 함께 협
력하고 일을 도모할 때 가능한 것이다.

프롬의 "사도마조히즘"이라는 개념은 의학적 의미로 활용했
다기보다 인간의 사회적 활동에 나타나는 권위주의적 행태를
분석하고 개념화한 일종의 인간학적 또는 사회철학적 표현이

라 할 수 있다. 즉 프롬은 인간의 사회적 활동 과정에 심리학적 도피 형태로서의 순응이 권위주의적 특징들과 조우하여 만들어지는 삶의 유형이 "사도마조히즘"이라 보았다. 프롬은 나치 선동의 심리적 저변에 사도마조히즘의 권위주의적 성격이 깔려 있다고 보고, 열등한 민족을 멸시하고 독일 국민이 스스로 독일제국과 아리안 족속의 우위성을 지키도록 하는 '정치적' 논리가 담겨 있다고 보았다.

특히 프롬은 나치의 사도마조히즘적 선동이 독일 사회 안에서도 중하위층 계급에게 심리적으로 매우 큰 영향을 주었다고 이해하였다. 이는 사회구조적 배경을 갖고 있었다. 루터교나 칼뱅주의자들의 금욕 생활과 이념적 이질감이 그들을 더욱 고립되게 하였고, 동시에 제1차 세계 대전 이후 몰아닥친 대규모 인플레이션과 경제공황이 그들을 심각한 실존적 위기와 집단적 불안정성으로 이끌었다. 이와 같은 불안감을 더욱 증폭시키고 이용함으로써 낯선 공공의 적과 대립시키고, 공동체적 유대감을 이끌어 내며 이와 같은 상황을 유효적절한 정치적 도구로 활용한 자가 히틀러였다.

공포와 두려움은 그들을 결속시키는 데 효율적이기도 하였지만, 자발적 희생과 헌신으로 국가와 민족의 이데올로기를 위해 집단학살의 주동자로 돌변하게 만들기도 하였다. 이제 나치스에게 개인과 가정은 국가의 하위 개념에 불과하고 개인의 가치와 삶의 주인은 권위주의적 국가 또는 사회 체제의 권력자가 자리하고 있었다. 사회적 혼란기에 개인은 전통적 규범과 습속의 지배 아래 부자유한 규범과 권위주의적 문화의 일상이 유지되고 있던 가정으로 도피한다. 폭력적 수단일지라도 질서와 통제를 갈구하는 권력 주체와 안락과 풍요를 갈구하는 개인의 마조히즘적 성향은 절묘한 조화를 이루었던 것이다.

8장
자유와 민주주의

　마지막 장 "자유와 민주주의"에서 프롬은 나치의 위협과 서구 사회의 암울한 현실 속에서도 미래에 대한 희망과 민주주의 사회에 대한 소망을 접지 않았다. 그 낙관주의적 관점이 이 마무리 부분에 잘 투영되어 나온다. 물론 실증적 연구 성과나 관련 학술적 논의를 깊이 있게 진행하지는 않고 있다. 오히려 1955년에 출간한 『건전한 사회』에서 미래 사회에 대한 구체적 비전을 좀 더 상세히 구상해 보이고 있다. 그렇지만 프롬이 생각한 자유롭고 평화로운 민주주의 사회에 대한 기본 관점은 이 부분에 녹아 있다고 말할 수 있다.

1. 개체성의 환상

우리들은 자율적이고 독립적인 개체로 살아간다. 자기가 원하는 가치를 추구하고 좋은 것을 행동으로 옮길 수 있다는 생각, 그리고 외적 조건과 자연적 억압으로부터 자유로워졌다는 신념은 이전보다 확대, 성장하였다. 자유롭고 독립적 존재라는 믿음은 근대 이후 현대인들의 자기 정체성이 되었다. 그러나 세상은 아직도 어둡고 폭력과 불합리한 불공정, 사회적 갈등이 끊이질 않고 있다.

권위주의적 문화와 사회적 현실이 일상 속에서 개인을 통제하고 때론 억압하지만, 그렇다고 근대 사회 이전의 전근대적 부자유의 환경으로 귀환할 수는 없는 것이 자명하다. 자유롭고 독립적으로 살아갈 개인이 출현했다는 것은 그 자체가 개인과 사회의 관점에서 볼 때 성장한 것이고 성숙된 사회로 진화될 수 있는 기회를 확보한 것을 의미한다. 다만 퇴행과 부자유를 향한 선택적 굴종의 삶을 억제하고 자율과 책임, 정의와 평화를 위한 합리적 선택의 기회를 확대할 묘안이 필요한 것이다.

우리 일상에서 개인은 그 어떠한 외적 요인에 지배되지 않고 자기 자신이 세계의 중심이자 토대가 된 듯 살아간다. 그렇지만 이들이 감지하지 못하는 현실은 그들 스스로도 감지하지 못하는 권위와 억압의 포로가 되어 있고, 개인의 해방과 민주주의 사회에 대한 이상을 통해 본 현실은 그리 긍정적이지 않은 것이 사실이다. 퇴행과 권위주의적 성격을 보여 주는 현대인들은 무력감과 고립감을 벗어나지 못하고 도피적 성향을 보여 주거나 획일성을 띤다. 고립된 개인은 마치 자동인형과 같이 되어 자아를 상실하고 참된 의식으로부터 벗어나며 오로지 현존하는 현실에 종속되고자 하는 '강박적인 획일성'을 보여 준다. 획일화된 성향과 삶의 모습 더 나아가 그와 같은 경향을 유도, 종용하는 문화적 현상이 현대인의 일상을 지배하게 되었다.

프롬은 획일화된 교육이 대표적이라고 보았다. 교육은 사람을 만들고 길들이는 과정이다. 이때 자발성이 배제되고 감정이나 사상 그리고 개별적 요인에서 분출되는 욕구들이 저지되고 독창적·정신적 활동에 대치되는 현상을 만든다. 순응화 교육이 이러한 현상에 수반되는 교육 방식이 된다. 가령 최초의 개별적 감정이 억제되고 권위주의적 현실에 굴종하도록 훈련시키는 과정에 발생하는 혐오감과 적개심은 순응화 훈련을 통해 해결하고자 하는 제1원리이다.

권위주의적 사회를 이끌어 가는 교육 주체는 교육 과정 중에 피교육자 안에 발생하는 적개심이나 반항심을 소거하기 위하여 다양한 형태의 압박과 소위 교육적 수단을 동원한다. 단 그 교육적 방법과 수단들에 대하여 프롬은 그것이 결코 인간적이거나 바른 교육적 방식들이 아니라고 보았다. 위협이나 벌주기 또는 체벌뿐만이 아니라 필요시 설득하고 매수할 때도 있다는 것이다.

피교육자는 대체적으로 권위주의적 대상에 대하여 적개심이나 부정적 감정을 의식하는 것 자체가 불성실함이고 이를 억제해야 한다고 훈련받는다. 비판이 아닌 미소를 갖도록 가르치며, 상냥한 성격으로 늘 어떠한 상황에서든 친절하고 외부적 요인에 의해 순간적으로 자신의 감정을 억누르고 표정 관리, 감정 통제에 능한 인간이 성숙된 존재라고 각인시킨다. 이러한 과정이 이른 나이부터 반복적이고 사회 전체가 동원되어 실행될 때 자연스러움과 부자연스러움 또는 옳고 그름을 분별할 시야 자체가 증발되어 버린다.

개인의 생각과 감정, 의견 그리고 주관적 시선은 응당히 무시되고 억압된다. 프로이트는 이런 현상을 성적 요인에 따른 '금기'로 규정한 바 있으나 프롬은 단순히 성적 본성에 연결시키기보다는 사회-문화적 요인과 연계하여 이해하였다. 마치 독창적 사고가 성적 본성에 의해서가 아닌 기성품에 대한 반복적이고 체계적인 주입과 길들임 과정에서 습득되듯이, 교육 과정 속에서 지식과 정보를 강조하고 반복 훈련시키는 것이 교육의 권능인 것처럼 돌변하면서 주체적이고 독립적인 사유 능력은 쇠하게 된다.

주관적이고 독창적인 능력을 드러내지 못하도록 만드는 또 다른 요인에 대해 프롬은 가치의 상대주의화 경향이라고 보았다. 일상에서 경험하는 사회적 문제들과 윤리적 쟁점들을 다룰 때 일종의 만능열쇠와 같은 관점이 상대주의이다. 지식중심주의는 과학의 맹신을 낳게 되며 상대주의는 가치의 파괴를 유발시킨다. 프롬은 이와 같이 독립적 개체를 억압하고 현실에 순응하도록 하는 교육으로 인해 양산된 인격성에 대해 다음과 같이 설명한 바 있다.

"현대인들은 삶의 근본적 문제에 대하여, 가령 심리적, 경제적,

정치적 또는 도덕적 문제 등에 대하여 문제의 복잡성과 난해함으로 개인이 관여하고 해결할 문제 밖의 주제들이라고 예단하는 경향이 있다. 이러한 복잡한 일들은 우리의 문제가 아닌 전문가들이 관여하고, 그들만이 이해할 수 있는 문제라고 본다. 평범한 개인은 무력한 존재에 불과하기에 설혹 사회적 주제가 내 앞에 떨어진다 하여도 누군가 전문가의 진단과 비방이 나올 때까지 인내력을 가지고 기다려야 한다."

또 다른 경향은 구조화된 모든 의미를 파괴하는 경향을 가진다. 구조화된 사회적 전체의 의미와 인간의 본질과 관련된 가치를 포기하고, 단지 추상적이며 양적 가치만을 유의미한 것으로 간주하는 경향이 그것이다. 라디오, 티비 등 대중 미디어는 양화되고 수량화된 가치들을 토대로 만들어지고, 그러한 의미의 지평 위에서 생산된 편협되고 왜곡된 세계관을 전파한다. 그 안에 존립하는 개인에게 이러한 환경은 가치 판단의 유일한 준거로 받아들여지게 된다.

"이와 같은 경향에서 두 가지 결과가 나타난다. 그 하나는 듣는 것, 읽는 것 모두에 대한 회의주의와 냉소주의이며, 다른 하나는 어떠한 권위를 가지고 이야기되는 일이라면 무엇이나 마치 어린 아이처럼 믿어 버리는 것이다. 이러한 냉소주의와 순진함이 결합된 모습은 근대의 개인에게는 지극히 전형적인 모습이다. 이러한 본질적인 결과는 한 개인이 자기 자신이 사고나 결정을 내리는 용기를 상실케 한다."

우리는 스스로 좋다고 생각하는 대로 행동하고, 생각하는 것을 외부의 어떠한 속박도 없이 자유롭게 충족시킬 수 있다는 환상 안에서 자유함을 만끽하고 살아왔다. 그렇지만 프롬은 이것이 일종의 환상에 불과하다는 점을 지적하고 있다. 익명의 권위에 협조하며 자기의 것이 아닌 것을 마치 자기 것인 양 받아들인다. 이러한 상황에 개인은 더욱 무기력해지고 좌절감으로 인한 순응을 강요받고, 결국 수용하게 된다. 무력감에 의한 상심과 좌절은 파국을 향하게 되며, 인간은 자동인형과 같이 수동적 도구로 전락한다. 프롬이 현대 사회를 "파시즘"의 새로운 유형이 출현한 것이라고 판단하고 경계했던 지점이 이곳에 있다.

프롬은 현대 사회에 권위주의적 경향이나 파괴적 성향, 순응주의 또는 자유로부터의 도피와 같은 병리 현상이 나타나지만, 이는 결국 자유가 확대되고 개인의 독립적 지위가 강화되는 민주주의의 기본 지향을 거스르지는 못할 것으로 보았다. 다양한 형태의 교란 행위나 이론들이 넘치고 심지어 냉소주의나 상대주의적 논리를 부추겨 회의주의적 경향을 만들려는 시도도 궁극적으로 무의미할 것이라고 본다. 자유는 성장해 왔고 개인의 독립성과 자율성적 지위가 향상되고 성장해 온 것은 민주사회의 결실을 기대하게 하는 징조이다. 이를 구체화시키고 현실화하는 노력은 교육과 정치, 문화와 사회의 다양한 영역에서 시도되고 결실을 맺어야 할 것이다.

2. 자유와 자발성

자유의 회복과 성장이 민주주의적 사회와 삶의 핵심 원리라고 한다면 이는 어떤 방식으로 구현될 수 있을까? 자유의 증가란 개인이 자유롭지만 고립되지 않으며, 비판적이면서도 회의적이지 않고, 독립적이면서도 전체를 주시하는 안목을 갖는 능력, 즉 자유를 사용할 수 있는 개인의 능력이다. 성숙한 자아를 소유한 인간으로서 자유의 적극적 사용과 삶 속에 주어지는 실천적 행위의 자발적 결정권을 포기하지 않고 수행할 수 있는 태도이기도 하다.

프롬은 자발적 행위란 그 어원에 있어서 라틴어 "Sponte", 즉 "자신의 자유의지"에서 유래한다고 전제하고, 이는 개인의 고립감이나 무력감과 무관하며 무비판적으로 수용하고 맹종하는 자동인형과도 다른 것이라고 말한다. 또한 이는 "자아의 자유로운 활동"이며, 개인의 의지로부터 촉발된 창의적 활동이자 이성과 자연의 분열이 제거된 삶의 태도이다. 자발적 삶의 모습에 대한 사례는 다음과 같다.

예술가가 자신을 객관화시키는 능력은 다른 직종에 비해 부족할 수 있으나 자발적 성향을 보여 주는 대표적인 사례로 꼽힌다. 프롬은 또한 아이들에게서 자발적 인간의 전형적 모습을 보았다. 그들은 그들이 원하는 것이 무엇인지 스스로 찾아내는 능력이 성인에 비해 덜 오염되어 있다. 성인에 비해 자신의 감정에 진솔하며 상투적 표현과 태도를 취하기 위해 경직된 모습을 보이지 않는 경우가 많다는 것이다.

자발적 활동은 일상 속에서 '사랑'이나 '일', 또는 '평등' 개념과 같이 우리가 평소 활용하는 의미와 가치의 영역에 적용되고 기능한다. 자발적 사랑은 소유하고 포획하는 것을 목적으로 하지 않는다. 자아를 상대 안에 용해시켜 버리는 것도 아니고, 상대를 소유하는 것도 아니며, 상대에 대하여 자발적으로 긍정해 주는 것이다. 이를 토대로 개인의 자아가 보존되며 다른 개체와 공감하고 결합시키는 것이다. 자발적 삶의 태도에서 우러나오는 사랑의 매력은 "양극성" 속에 있다. 곧, 사랑은 분리를 극복하려는 욕구에서 나오지만 그렇다고 개체성을 배재하지 않으며 오히려 살리고 공존하는 데에 있다.

'일, 노동' 역시 자발적 활동의 특성을 보여 주는 구성 요소이자 현장이 된다. 자발성으로 이루어지는 일은 고립감을 피하기 위해서 또는 강박적 압박으로 인해 추진되는 노동과는 다르다. 자연을 지배하고 생산품을 숭배하는 자본주의적 물신주의와도 단절된 활동이다. 그것은 창조적 행위이자 인간과 자연이 하나가 되는 창의적이고 독립된 활동을 말한다. 자발적 노동 활동을 통해 개인은 세계를 품어 안는다. 그의 개인적 자아는 손상되지 않은 채 남아 있을 뿐만 아니라 더욱 강해지고 확고해진다. 자아는 적극성을 띠고 활동적일수록 강해지고 성숙될 수 있기 때문이다.

> "우리가 깨닫고 있는 것과 무관하게 자기가 자기 자신이 아닌 것
> 처럼 부끄러운 일이 없으며, 자신의 것을 생각하고 느끼고 이야
> 기하는 것보다 우리 각자에게 자부심과 행복을 주는 것도 없을
> 것이다."

참된 나, 진실된 자아는 주어지는 것이 아닌 구하고 발견하고
느끼면서 만들어 가는 것이다. 프롬은 현대 사회에서 인간의
인격과 가치가 외부와 주변적 요인들로 인해 만들어지고 마치
선물과 같이 주어진 것이라고 강요하고 주입시키지만, 실상은
스스로 각성하고 깨닫고 만들어 가는 것이라고 보았다. 행복이
라는 환상 역시 돈에 의해 결정되거나, 인격에 상품적 가치를
접목시키는 자본주의적 수량화에 문제가 있음을 지적한다.

자본의 논리, 사회적 권력과 권위의 언어는 인간을 승자와 패
자로 보거나 생산자와 소비자의 단순화된 논리로 소외시켜 버
린다. 그렇지만 독립적 주체로서의 자아는 '평등'과 '공존'의 원
리와 모순되지 않는다. 인간이 태어나면서 평등하다는 명제는

인간 모두에게 유효하고, 특히 자유와 평등의 욕구는 그 누구에게도 양도할 수 없는 본질적 가치이다. 한 인간의 존엄과 생존을 위한 기본 활동 및 경제생활에 평등의 가치는 적용될 수 있으며 차별 없이 독자적 생활을 영위할 권리이기도 한 것이다. 인간의 존재 그 자체는 신성하고 존중받을 가치가 있다. 그 말은 그의 삶에 주어진 독자적 욕망과 의미의 세계를 존중받음을 뜻하며, 그 누구에게 그 권한과 자유가 근본적으로 차등 취급될 수 없는 것이다.

프롬에 의하면 건전한 사회의 실현은 각 개인의 인간성 회복이 선결 요건이다. 이는 도덕적 인간이며 자유로운 본성의 회복이기도 하다. 인도주의적이고 자발적 가치를 토대로 살아가는 개인들의 공동체를 의미한다. 인간은 자율성을 깨닫고 실천할 수 있는 유일한 동물이다. 인간이 갖고 있는 이성은 사람을 자기 자신으로 부르는 목소리이며, 자기 자신이 되기 위하여 무엇을 해야 할 것인가를 알려 주는 수단이기도 하다.

프롬은 이와 같이 자율적 판단과 각성 과정을 통해 자신의 내면에서 나오는 소리에 따라 현실 속에서 실행으로 옮기는 자를 "혁명적 인간" 또는 "혁명가"라고 불렀다. 그렇지만 이들이 단순히 현실에 대한 "반항자"를 의미하는 것은 아니다. 자기 자신의 부름에 귀 기울이는 자, 즉 혁명적 인간이란 현대 산업사회의 부조리와 모순에 대하여 견디지 못하는 자들이다. 자유롭고 독립적인 사람이며, 인간성과 일체화되고 있는 사람이다. 그 성격 구조는 인간성과 동일시된다. 프롬은 삶의 친화감을 가진 인간, 기존 체제에 비판적으로 접근할 수 있는 시야를 보유하고 있는 사람을 혁명가로 규정한다. 동시에 그들은 실천의 능력을 보유한 자이다. 즉, 인간에게 있어서 불복종의 능력을 보유하고 실천하는 자이다.

프롬이 말하는 규범적으로 바로 선 사회를 건설한다는 것은 현존하는 삶에 만족하지 않고 내면의 소리에 귀 기울이는 자들의 위대한 거부를 통해 이루어진다. 진실한 인간성이 사회적 규범이자 가치로 인정되는 사회, 그와 같은 사회가 건전한 사회이다.

"자유는 인류의 역사에서 결코 실현된 일이 없으며, 번번이 미묘하고 비합리적인 형식으로 표현되기도 한다. 분명한 점은 자유는 인류가 집착해 온 이상이었다."

[세창명저산책]

· 세창명저산책은 계속 이어집니다.